智元微库
OPEN MIND

成 长 也 是 一 种 美 好

Pearson

拿结果的管理者

让平凡的人取得非凡成就（原书第6版）

HOW TO MANAGE

The definitive guide to
effective management (6th edition)

[英]乔·欧文（Jo Owen） 著

李婷 译

人民邮电出版社

北京

图书在版编目（ＣＩＰ）数据

拿结果的管理者：让平凡的人取得非凡成就：原书第6版 /（英）乔·欧文（Jo Owen）著；李婷译. -- 北京：人民邮电出版社，2023.9（2024.5重印）
ISBN 978-7-115-61919-8

Ⅰ.①拿… Ⅱ.①乔… ②李… Ⅲ.①管理学 Ⅳ.①C93

中国国家版本馆CIP数据核字（2023）第103525号

版权声明

◆ 著　　[英]乔·欧文（Jo Owen）
   译　　李　婷
 责任编辑　刘艳静
 责任印制　周昇亮

◆ 人民邮电出版社出版发行　 北京市丰台区成寿寺路 11 号
 邮编 100164　电子邮件 315@ptpress.com.cn
 网址 http://www.ptpress.com.cn
 天津千鹤文化传播有限公司印刷

◆ 开本：720×960　1/16
 印张：17.25   2023 年 9 月第 1 版
 字数：200 千字   2024 年 5 月天津第 4 次印刷

     著作权合同登记号　图字：01-2023-1195 号

定　价：79.80 元

读者服务热线：（010）67630125　印装质量热线：（010）81055316
反盗版热线：（010）81055315

广告经营许可证：京东市监广登字 20170147 号

　　《拿结果的管理者：让平凡的人取得非凡成就》是一部经典之作，阐述了获得成功所需的理性技能、政治技能及情感技能。第 5 版出版以来，管理的性质发生了翻天覆地的变化。疫情导致了混合工作制和远程工作的兴起，这对管理产生了 3 个深远的影响。

- 当你管理远程团队时，一切都会变得更加困难。激励、沟通、绩效管理，甚至目标设定都变得更加困难。对管理者技能的要求再次提高。对优秀的管理者来说，这是个好消息：最好的管理者将在这个新世界中茁壮成长。

- 命令和控制的管理风格即将结束。当无法整天监督下属时，你很难对他们进行微观管理。管理者不得不下放更多的权力，更加信任他们的团队，并围绕影响和说服同事来培养自己的技能，而不是靠命令和控制。这些是 21 世纪领导者的标志性技能。

- 旧的工作规则不再适用。当每个人都在办公室工作时，人们很快就会发现工作中的非正式规则。随着混合工作制和远程工作的兴起，旧的确定性已经消失。人们甚至不清楚在家工作时的工作小时数重要，还是工作结果重要。

　　基于这些变化，现在是转型成为优秀管理者的最佳时机之一。我们仍在探索真正有效的方法，而你正是创造这个与工作和管理相关的新世界的先锋。

为了更好地反映这个新世界，第 6 版的内容已经全面更新。在这个新世界中，管理者需要提高自己的游戏水平并改变游戏规则。我们还需要进行广泛的原创性全球研究，以发现和记录混合工作制这个新世界中新兴的最佳实践。第 6 版也记录了这项研究。

幸运的是，以前的版本预见了将要发生的许多变化，比如建立信任、变得更具影响力、管理办公室政治以及知道如何有效地说服人们。现实正在完善相关理论。

除了这些修改，我还更新了故事和案例，并在适当的地方加入了新的故事和案例。考虑到读者的时间非常宝贵，我还压缩了原有章节。

本书并非一本管理学理论著作，而是任何人都可以实践的通往成功管理的指南。

目 录

第 1 章

引言与摘要：现实世界中真正的管理者

第 2 章

理性管理技能：处理问题、任务和资金

第 3 章

情感管理技能：处理人际关系

第 4 章

政治管理技能：获得权力，实现目标

第 5 章

管理商技能：管理你的职业生涯

第1章

引言与摘要：现实世界中真正的管理者

过去的管理比现在容易得多：上司负责领导，下属负责工作；管理者用脑，工人动手。脑力劳动者与体力劳动者泾渭分明。一些对管理者来说美好的时光，对工人来说却十分糟糕。

不知从何时开始，管理者的处境变得艰难。工人逐渐获得更多的权益，管理者则失去了特权。工人的工作时间不断缩短，管理者的工作时间却日渐延长。工人充分享受 7×24 经济政策带来的便利，管理者却要面对巨大的压力，每天被电子邮件、短信、电话等"电子镣铐"束缚。疫情和居家办公（Working From Home，WFH）使情况变得更加糟糕，居家办公意味着你很难彻底摆脱工作。

管理变得更加困难，也变得更加模糊。思考一下在你所在的组织中适应以及获得成功的规则。你当然可以查看正式的评估标准，但这必定是徒劳的。

- 如果我想适应，我应该承担多少风险；如果我想成功，我又应该承担多少风险？
- 什么是合适的项目，我应该与谁合作？
- 我什么时候应该挺身而出，什么时候应该全身而退？

- 在这个组织中，应该如何行事？

- 要避免哪些陷阱？

- 如何管理我的上司？

对于以上问题，没有任何规章手册会直接告诉你答案，也没有培训能马上助你一臂之力。上司不会带着用户指南或保证书和你一起工作。其中涉及的重要规则，你只能靠自己领悟。策略只对无足轻重的规则起作用。

在实践中，我们通过将成功者和适应者与艰难挣扎者进行对比来发现适应和成功的原则，然后找出他们取得成功、能够适应或者艰难挣扎背后的原因。你可以看看谁在你的组织中获得了成功。我们都希望成功者是那些一直表现出众的人，但是在扁平化矩阵组织中，真正有挑战的事情是弄清楚谁到底在负责什么。

大多数评估体系都关注两类特征，而对于这两类特征，有各种各样的叫法。

传统上，管理者（用脑）应该比工人（动手）更聪明，所以智商（Intelligence Quotient，IQ）高会有所帮助。许多评估系统仍然评估智商。许多商学院通过GMAT（一种常见的测试）进行入门测试，而这种测试也看重智商。在公司中，智商通常表现为具有解决问题的能力、分析能力、商业判断力和洞察力。

仅仅有高智商是不够的，管理的精髓在于通过管理他人实现目标。很多人拥有高智商却无法做出成就，因此大部分公司还注重人际交往能力或情商（Emotional Quotient，EQ）。情商表现为具有团队合作能力、适应能力、人际交往能力、领导力和激励能力等。

仅仅有高智商是不够的，管理的精髓在于通过管理他人实现目标。

现在请使用智商和情商的标准来评判成功者与失败者。观察你所在的组织，你会发现，尽管媒体持有偏见，但是在组织内聪明（高智商）又和善（高情商）的管理者并不少见。你也会发现，很多聪明又和善的管理者，在一潭死水般的组织中过着默默无闻的生活：他们备受喜爱却成绩平平。与此同时，很多成功的管理者似乎既不聪明也不和善，却踩着聪明又和善的管理者的肩膀平步青云。

这里似乎有些东西被遗漏了。高智商和高情商虽不可少，但仅有这两部分是不够的，管理者还需要跨越另一重障碍。这个障碍就是政治商（Political Quotient，PQ）。政治商在一定程度上与如何获得权力有关，还包括如何使用权力实现目标，这正是管理的精髓——通过管理他人实现目标。

当然，所有的管理者都需要一定程度的政治商。但是在过去的命令与控制的组织结构中，实现目标并不太需要政治商，只需要发布命令。在今天的扁平化矩阵组织中，权力更加分散。如果说过去的管理是通过管理他人实现目标，今天的管理就是通过管理你无法控制，甚至不喜欢的人实现目标。如果说管理领域存在变革，那么这个变革并不是指技术层面——技术变革已经延续至少 200 年。管理领域中的变革指的是在一个更复杂、艰难和模糊的世界中实现目标。

实现目标意味着你需要与他人结盟，寻求帮助和支持，并将管理范围拓展到正式权力的界限以外。你需要的很多资源在你的组织中并不存在，为了实现目标，管理者可能需要前所未有的政治商。

成功的管理者是三维管理者，兼具智商、情商和政治商。每一维度都包括一系列可以学习的技能。成功的管理者不需要在学术上表现得非常突出，很多学术机构里的人智商很高，却把管理工作做得混乱不堪。本书将向你展示，成功的管理者不需要学术上的高智商，同样，情商和政治商所代表的各项技能，也是所有管理者都可以习得的。

本书阐述了智商、情商和政治商所包含的管理技能，向你展示了如何在管理的变革中培养适应能力并走向成功。它摒弃了日常管理中的喧哗噪声与繁复琐碎的管理理论，专注于管理者所需的关键技能和干预措施，阐明了在这个更加艰难和复杂的管理世界里，你必须做什么，以及应该如何做。

作为理解管理的变革的第一步，我们首先要了解一下这轮变革来自何处，又将把我们带向何方。

理性管理

有文明的地方便有管理，即使是在文明诞生伊始，人们尚未意识到这一点时。随着工业革命的到来，现代管理开始发展为一门学科：大规模运营需要大规模组织。早期的管理组织和战略以军事组织和战略为基础，即采用传统的命令与控制的管理方式。

随着时间的推移，工业管理从军事管理中脱离出来。正如牛顿发现了力学三大定律一样，管理者也开始寻找商业和管理的成功规律。尽管很多成功的企业家不需要成功规律就能成功，但学者们仍在寻找这些规律，科学管理就是为了取得成功而进行的早期尝试。

弗雷德里克·泰勒（Frederick Taylor）是科学管理的权威，他在1911年撰写了《科学管理原理》（*The Principles of Scientific Management*）。以下是他的方法。

"对一个将冶炼生铁作为职业的人的首要要求是，他应该是一个愚蠢而冷漠的人，性格和公牛一样，思维敏捷、聪明伶俐的人是不会从事这种单调乏味的工作的。"

泰勒对工人有一种整体性的模糊认识，认为他们只要不被处罚就会尽力偷懒，他的研究并不完全出自偏见，也有密切的观察作为支持。这在当时形成一些革命性的观点。

- 工人被允许休息，因为这会提高他们的工作效率。
- 不同类型的人应该被分配不同类型的工作，因为他们在适当的工作岗位上会更有效率。
- 生产线将组装汽车或准备快餐等复杂工作分解，能最大限度地提高生产力，同时将所需的员工技能和成本降至最低。

时至今日，这些观点仍然在发挥作用。

亨利·福特（Henry Ford）将流水线引入汽车生产的流程，这给科学管理（或称理性管理）带来了生机。随后在 1908—1931 年，他完善了这一理念，开始生产 T 型汽车，并自信地称其为"大众化汽车"。截至 1927 年，约 1500 万辆汽车走下装配线，汽车随即成为大众消费品，高成本手工制造汽车的模式也随之改变。

即使在 21 世纪，科学管理也仍然有生命力。它仍然存在于由零工经济主导的物流业、快餐店和呼叫中心，在这些地方，不幸的工作人员依然像机器人一样按照固定的流程工作。因此很多公司顺理成章地减少了工作人员，让消费者直接与机器交流，让算法管理工人。工人发现，当他们的上司是一个算法时，它就是一个不关心他们个人情况的暴君。算法是科学管理的扭曲与神化：最大化生产力，但不考虑工人福利。

情感管理

理性、科学管理的世界相对简单：它基于观察和严谨的计算。

然而，对管理者来说，这一切开始变得复杂。

在这个过程中，有人发现，工人不仅是生产者，还有可能成为消费者。本质上来说，因为他们是人类，所以他们有希望、恐惧、感情，甚至也有想法。这让管理者感到疑惑，他们不仅要处理事情、问题，还要处理人际关系。

随着时间的推移，处理人际关系变得越来越难。工人受教育水平越来越高，技能水平越来越专业，他们现在可以做出更多贡献，也期望得到更多。他们变得更加富裕、独立。一个镇上只有一家工厂的日子已经一去不复返，雇用的形式也越来越多。"福利国家制度"（Welfare State）的概念应运而生：找不到或不愿意工作的人都可以享受福利。雇主失去了强制权，无法再要求员工忠诚——他们必须赢得员工的忠诚。渐渐地，工作场所的文化从服从文化变成认同文化。

管理的挑战在于创造被高度认同的工作场所，管理者要让员工充满希望，而不能利用他们的恐惧。在泰勒出版他的书 84 年后，丹尼尔·戈尔曼（Daniel Goleman）在 1995 年出版了《情商：为什么情商比智商更重要》（*Emotional Intelligence: Why It Can Matter More Than IQ*），由此成为情商管理界的专家。实际上，他是在普及几十年前诞生的思想——早在 1920 年，哥伦比亚大学的 E.L. 桑代克（E. L. Thorndike）就一直在撰写与"社交智慧"相关的文章。长期以来，思想家们已经意识到高智商与人生的成功没有直接关系，还有其他更重要的因素影响成功。

在工作场所，有关情商（而不是智商）的实验早已开始。特别是日本人，通过改善（持续改进）等创新举措，在让工人适当参与方面取得了长足的进步，甚至在汽车生产线上也是如此。他们的灵感大部分来自美国人 W. 爱德华兹·戴明（W. Edwards Deming）。具有讽刺意味的是，当日本人开始在戴明的思想的帮助下摧毁美国汽车工业时，戴明的思想才在美国获得认可。

到了 20 世纪末，管理者的工作变得比 19 世纪更复杂。20 世纪的管理者需要像 100 年前的前辈一样聪明，需要更高智商来处理问题，需要更高情商来处理人际关系。大多数管理者发现，他们只擅长其中一个方面，很难二者兼备。有效管理的绩效标准被大大提升了。

政治管理

二维管理者并不存在，除非是卡通人物。真实的管理者存在于三维世界。高智商和高情商的概念很好，但它们不足以解释不同类型管理者成功与失败的原因。

解开这个谜题的第一个线索是意识到组织是为冲突而建立的。对许多学者来说，这是一个突破性的观点，因为他们认为组织是为协作而建立的。实际上，管理者必须争夺组织内有限的时间、金钱和预算，需求总是多于资源。内部冲突决定了这些资源的优先顺序。市场营销、运营、客户服务、人力资源部门以及不同产品和区域的负责人都会为了自身利益一争高下。

对许多管理者来说，真正的竞争者不是市场上的对手，而是坐在隔壁办公桌旁，和自己

> 对许多管理者来说，真正的竞争者不是市场上的对手，而是坐在隔壁办公桌旁，和自己争夺同一个晋升机会和同一份奖金的同事。

争夺同一个晋升机会和同一份奖金的同事。

第二个线索是观察企业内在预算、时间、薪酬和晋升的竞争中的真正赢家。如果我们相信高智商和高情商理论，那么所有聪明与和善的人都应该成为高级管理者。对大多数组织的随机观察表明，事实并非如此。一方面，聪明与和善的人并不总是赢家，许多这样的人在公司表现平平，过着默默无闻的生活；另一方面，大多数经验丰富的高级管理者既不聪明也不和善，却"莫名其妙"地登上了权力的巅峰。

显然，除了智商和情商，还有别的因素在发挥作用。

在办公室的闲谈中，人们很容易发现一些自己不知道的信息。闲谈时，人们经常谈及他人的升职与降职、谁去谁留、谁对谁做了什么、新的机遇在哪里、哪些项目很棘手以及如何回避。这类谈话表明：人不只是社会性动物，也是政治性动物。

任何组织都无法回避政治问题，政治也并非新生事物，莎士比亚的戏剧《恺撒大帝》（*Julius Caesar*）便是一部政治剧。马基雅维利的《君主论》（*The Prince*）则是一部文艺复兴时期的政治管理指南。但政治一直被认为是一个有些"肮脏"的话题，因此不适合对它进行学术分析或让它成为企业培训的内容。恺撒遇刺恰恰表明了不谙政治的严重后果。警惕的管理者在听到类似布鲁斯对恺撒说"我会支持你"这样的话时，就会意识到说这话的人可能在他们背后捅刀。

对一些人来说，政治是一种"邪恶"的力量，意味着背后捅刀。对更有效的管理者来说，政治却是一种良性的力量。政治商是引导组织与你合作并为你服务的艺术，是通过组织内你无法控制的部分来实现目标的艺术。这使政治商成为现代管理的核心，因为管理者发现他们并不能控制成功所需的所有资源。

高智商和高情商不足以应对组织中的政治问题。围绕控制和权力的斗争永不终止。对变革的无休止需求不仅改变个人，也打破了组织中的权力平衡。这些都是高度政治化的行为，成功的管理者需要深厚的政治和组织技能功底。

政治的重要性正在不断提升，并将继续提升，因为管理的性质本身正在发生变化。在过去的 20 多年里，管理领域的变革进展缓慢。除非突然遭遇来自外包、离岸外包和流程重组等方面的变革冲击，否则人们很难看到变革的影子。但很明显，这 20 多年来，管理领域的旧秩序正在消亡，新秩序正在形成。

旧秩序基于命令和控制。管理者的工作是沿着指挥链向下传达命令，很少向上反馈信息。在这种秩序下，有效的管理者通过控制别人来实现目标。

随着成功所需的很多资源都不再被管理者掌控，一切都改变了。有效的管理者必须通过他们不能控制甚至不喜欢的人来实现自己的目标。疫情暴发以及混合工作制和远程工作的兴起加速了这一趋势。当一天中的大部分时间你都无法看到下属或听到他们说话时，你很难对他们进行微观管理。传统的命令和控制现在行不通了，你不能简单地命令你的同事、客户和上司按照你所说的去做。你必须学习一套全新的技能，围绕影响、说服下属，建立信任网络、管理资源和团队，以及在没有正式权力的情况下实现目标。这就是政治商背后的真实世界。

很明显，有些管理者和组织仍然处于命令与控制的旧模式中，应用于快递员调配的算法、键盘记录器以及全天候直播等同于在技术层面延续了 19 世纪的命令和控制，但是即使是在一些公共部门，这样的工作方式也大势已去。要想蓬勃发展，就要确保你在变革中处于正确的方向。在日益复杂与模糊的世界中掌握政治商技能，会让你拥有前所未有的机遇。

管理商

也许现在我们必须认识到成功的管理者是三维的。除了高智商和高情商，管理者还需要高政治商，这三者共同构成了管理商。如果给管理商总结一个公式，那么似乎可以归纳为：

$$管理商 = 智商 + 情商 + 政治商$$

如果要提高管理商，就需要提高智商、情商和政治商（如图 1.1 所示）。管理商公式很容易描述，但很难实现。

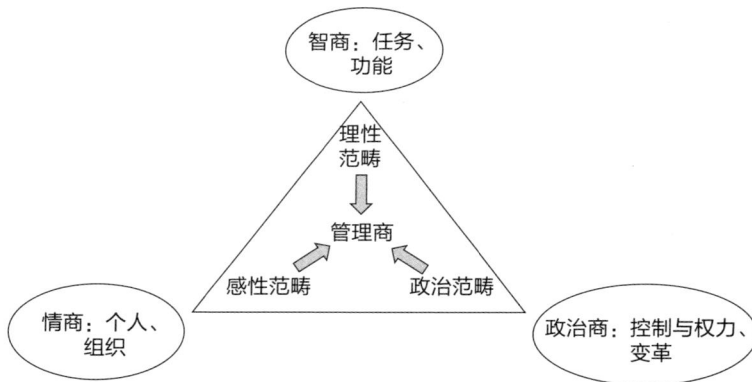

图 1.1　管理商的构成

管理商指的是管理实践，而不是管理理论。本书将告诉你如何使用管理商这一简单框架。

- 评估自己的管理潜力。

- 评估团队成员并帮助他们确定如何改进。

- 明确并培养成功所需的核心技能。

- 明确组织中适应和成功的规则。

使用管理商公式的方式有很多，可能带来成功也可能带来失败。每个人都以不同的方式开发和应用智商、情商和政治商以应对不同的情况。每个人的管理风格都和他的 DNA 一样独一无二，本书提供的不是成功管理的统一模式，你得到的将远胜于此。本书提供了一组框架和工具来帮助你理解和应对典型的管理挑战。

有些人把框架当作束缚，盲目地将同一组框架应用到各种环境中；也有些人将框架视作脚手架，可以围绕框架构建自己独特的管理风格，然后根据自己的情况灵活运用工具。本书帮你调整框架和工具，在展示理论的同时，还阐述真实的应用——理论在什么情况下有效，什么情况下无效。无论成功还是失败，我们都会从管理实践中学到经验。本书汇聚了数千年以来管理者累积的经验。使用本书，你将构建自己的管理商，并在管理实践中取得成功。

第 2 章

理性管理技能：处理问题、任务和资金

聪明的管理者不同于聪明的知识分子，杰出的教授很少成为伟大的管理者。相反，今天许多最优秀的企业家都是大学辍学者。比尔·盖茨（Bill Gates）、拉里·埃里森（Larry Ellison）、马克·扎克伯格（Mark Zuckerberg）和阿曼西奥·奥尔特加（Amancio Ortega）都没有学位，却都创立了一流的企业；埃隆·马斯克（Elon Musk）被斯坦福大学录取，但两天后辍学。

询问伟大的管理者成功的秘诀，是一种曲意逢迎的行为，得到的大多是陈词滥调或自我吹嘘。我做过类似的询问，这件事只值得做一次，无须多次尝试。大多数情况下，他们谈论的是经验或直觉，似乎只有累积了足够多的经验才能成为管理俱乐部的一员，这毫无用处。因为直觉是无法传授的，初级管理者也不具备经验。我必须找到另一种方法来探索管理者的想法，而我又不能将他们的大脑连接到机器上进行实时监测。所以，我做了一件很有益的事情：观察他们工作。观察他人工作总是比亲自工作更令人愉快。

每个管理者每天的工作都不同，有些人喜欢面对面工作，而不是邮件往来；有些人的工作完全被各种会议占据。每个管理者的工作时长也长短不一，但是如果撇开这些差异，我们就会发现他们的日常工作都遵循一些模式。

- 时间碎片化程度高。
- 管理多个相互冲突的计划。
- 管理多个区域。
- 需要对源源不断的新信息进行反馈、更改和调整。
- 独立工作的时间少。

这是大多数管理者都熟悉的工作模式。这种工作模式就像一边颠球一边百米冲刺，而且不允许球掉下来。在当今世界，变得忙碌很容易，但是产生影响力很难。行动并不能代替成果。对今天的管理者来说，最大的挑战是如何事半功倍。

行动并不能代替成果。

此时，请停下来，思考一下你在日常管理中所忽视的事情。

- 使用正式工具（如贝叶斯分析方法和决策树）进行决策。
- 无论是独自深入思考，还是团队合作，借助正式的问题解决技巧来解决问题。
- 对业务进行正式的战略分析。

许多管理者日常并不重视使用工商管理课程的工具，缺乏组织和战略理论的实践。财务和会计工具只在财务和会计部门发挥作用；对运营人员或IT领域的大多数人来说，市场营销部门的工作仍然是一个谜。

许多管理者在日常工作中不重视的这些工具并非不重要。尽管不常用到，但是它们在关键时刻可以发挥作用。如果所有的管理者都在不停地对业务进行战略评估和调整，那么大多数组织将无法长时间存续。但是，如果公司首席执行官（CEO）能每5年进行一次全面的战略评估，就可以给业务带来转机。

至此，我们对管理艺术的探索已经迷失在日常管理工作的行动旋涡之中。尽管优秀的管理者似乎不必具备高智商，也不需要教科书和课程中标准的智力水平和分析工具，但是很少有人会说比尔·盖茨和埃隆·马斯克愚蠢。我们采访的所有领导者和管理者都很聪明，这份智慧足以支持他们获得权力和影响力。他们很聪明，但不是传统的教学意义上的聪明。管理智慧不同于学术能力。

我们决定深入挖掘，从而打破"掉进坑里，就不要再往下挖"的黄金法则。我们挖掘的不是坑，而是理解管理思维的基础。最终，我们找到了下面这些基础，并在本章的后续部分中进行了探讨。所有管理者都可以学习和掌握这些基础及相应的技能。

- 以终为始：结果导向
- 取得成果：业绩与观点
- 做出决策：快速形成直觉
- 解决问题：枷锁和框架以及工具
- 战略思维：现实、浪漫主义和经典
- 制定预算：业绩中的政治
- 管理预算：年度例行事项
- 管理成本：尽量减少痛苦
- 善用电子表格：假设，而不是运算
- 有效利用时间：行动与成果

如果我们在智力标准上严格要求，那么这些技能并非都应该出现在探讨管理智慧的这一章中，但是随机性的背后也有一些方法可循。

本章之所以包括"以终为始"和"取得成果"这两部分内容，是因为它们是高效管理者思维的核心。他们受到这两点核心的驱动，渴望获得成就，形成一种高度务实、快节奏的思维方式。这与教科书和学术界一贯倡导的思维方式大相径庭，它关注成就而非行动。

"做出决策""解决问题"和"战略思维"是传统的智力技能。教科书上所说的管理者的思维方式与管理者真正的思维方式之间存在巨大的差异。教科书上描述的是完美的解决方案，完美的解决方案是实用的解决方案的敌人。追求完美会导致无所作为，实用的解决方案才会带来优秀的管理者想要的东西：行动。对许多管理者来

> **完美的解决方案是实用的解决方案的敌人。**

说，真正的挑战甚至不是找到问题的答案，而是找出问题所在。真正优秀的管理者会花更多时间弄清楚问题是什么，再试图找到务实的解决方案。

"制定预算""管理预算""管理成本"和"善用电子表格"可以被称为财商。我们本以为财务和会计工具属于智商范畴，结果我们完全错了。从理论上讲，财务管理是十分客观和依赖智力的活动，答案应该非错即对：数字要么对得上，要么对不上。对管理者来说，智力挑战只是诸多挑战中次要的部分，主要的挑战是政治挑战。大多数有关财务的讨论和磋商都是有关资金、权力、资源、承诺与期望的政治协商。在许多方面，财务管理更应该属于政治商的讨论内容。出于对金融理论的尊重，它被归入讨论智商的这一章节。

在这一章节接下来的内容中，我们将对理论部分进行阐述。理论并非一无是处，好的理论能创建一个框架，帮助我们厘清纷繁的问题。然而，重点是管理者要在实践中学会开发和利用上述这些智力技能。

以终为始：结果导向

管理者一直被要求"要事先办"，这种话基本是废话，关键在于什么是你认为的"要事"。在实践中，管理者并不都是从起点开始的，有效的管理者是从终点开始的。

为了方便快速阅读的读者，让我们再重申一遍：有效的管理者是从终点开始的。

从终点回溯，而不是从起点开始蹒跚而行，是优秀的管理者的思维方式和工作的核心。结果导向十分重要，因为这一导向能带来以下结果。

- 创造清晰度并让人们专注于重要的事情。
- 推动人们采取行动，而不只是分析。
- 让人们找到积极前进的方法，而不是担忧过去。
- 简化任务的优先级排序。
- 有助于识别并规避潜在的障碍。

结果导向相对来说比较容易掌握，只需要不断问自己以下 4 个问题。

1. 在这种情况下，我想得到什么结果？
2. 在这种情况下，别人期待得到什么结果？
3. 为了得到这个结果，至少需要几个步骤？
4. 这一行动的后果是什么？

坚持不懈地问这 4 个问题，你会发现在大多数情况下，你都可以拨云见日，推动团队采取行动。

在这种情况下，我想得到什么结果

提出这个问题促使我们采取行动，并让我们明确目标。这也是控制局势并从中获益的方式。这是一种摆脱对他人依赖，避免被动或者陷入分析瘫痪的方法，以下两个案例可以说明这一点。

案例 1

一个项目出现重大失误：时间滞后，预算不足。团队正在进行调查，但这很快变成人们司空见惯的指责游戏："他说……她说……我说不……她说……"事情变得很棘手。然后团队负责人停止了争论，问道："好吧，我们这个项目还有两周就到截止时间了。问题是，在接下来的两周里，我们能做些什么来取得令人满意的结果？"突然之间，争论从自我开脱变成关于可以做什么的积极讨论。领导者将团队的关注点放在结果和行动上，而不是问题和分析上。

案例 2

一位分析师的任务完成得很好。她汇编了堆积如山的数据，结果她的演示文稿让人难以消化，但每条数据都十分翔实，让她难以取舍。于是，她的上司让她专注于她想从汇报中得到的结果。她期望的结果非常简单：新项目获批。形势豁然开朗，她可以将重点放在获得管理者的批准上，需要讨论的不再是"我们应该在演示文档中舍弃什么内容"，而是"为了实现目标最少应该包含哪些内容"。演示文稿中大约 90% 的内容都可以放入附录，而附录一般不会有人阅读。

这位分析师学到了一点：当所有内容都被说完或写完的时候，演示文稿和报告是不完整的；只有当所有内容不可能说得或者写得更少的时候，演示文稿和报告才是完整的。简洁行文比长篇累牍难得多。演示文稿和报告就像钻石一样，需要精心切割。

在这种情况下，别人期待得到什么结果

大多数管理者都在为某种类型的客户提供服务。客户可能是他们的上司、同事或外部合作伙伴。无论怎样，管理者都在支持其他人的计划。了解对方想要什么是一种明确需求是什么的简单方法。明确这个问题使管理者能做到以下 3 点。

- 简化并专注于手头的任务——无关紧要的工作随即消失。
- 预防难题和预测疑问。
- 提供令对方满意的结果。

回顾一下前面的两个例子。在每个案例中，当事人都能通过了解"对方"的需求来梳理清楚自己需要做什么。

- 项目团队开始专注于客户想要的结果。
- 分析师的演示文稿侧重于为观众提供简单的信息。

为了得到这个结果，至少需要几个步骤

很多人让事情变得复杂——有些人只见树木不见森林，而另一些人相反。有效的管理者可以化繁为简。这非常重要，但是鉴于所有管理者都面临日益严峻的时间压力，化繁为简十分艰难。要弄清楚至少需要几个步骤，先要回答以下几个问题。

化繁为简十分艰难。

- 期望的结果是什么？

- 是否有任何捷径：能否购买解决方案，让其他人提供全部或部分解决方案？是否有其他授权人可以缩短正常审批流程？

- 80/20 法则在这里是否适用：能否通过专注于少数重要的客户，或者关注能决定问题的关键分析，或者通过处理引起最多问题的主要原因，用 20% 的努力实现 80% 的结果？

- 关键依赖因素是什么？通常，事务有一定的逻辑顺序：销售—生产—运输—收费。建立这种逻辑顺序甚至可以将最令人生畏的问题分解为人们可以管理的模块。

这一行动的后果是什么

这个问题用于预测风险、难题、意外后果和提出令人不快的问题。如果能预测难题，你就可以先发制人。在这个阶段，你可以允许一点复杂性重新进入行动过程。

理论上，两点之间的最短距离是直线，非欧几里得几何除外。在实践中，最短的路线通常不是直线。当你逆风航行时，两点之间的最短路线是锯齿形的。逆风航行，通常会一事无成。这是大多数管理者在试图逆着组织中的政治风向前进后得出的教训。

管理的思维方式

1. 以终为始。专注于你想要的结果。坚持不懈，保持专注。

2. 通过他人实现目标。不要试图成为孤胆英雄。管理就是通过其他人来实现目标的。学会与同事、上司和团队成员一起工作，影响他人、激励他人、建立信任和信誉。

3. **推动行动。**分析问题表明你很聪明，采取行动则表示你很高效。不要寻找完美的答案，你永远不会找到它。完美是完成的敌人。找到有效的方法并付诸实践。

4. **承担责任。**不要责怪别人或专注于过去。去关注未来、行动和结果。你对结果负责，对你的事业负责，对你的行为负责，对你的感受负责。充分利用这一点。

5. **（有选择地）非理性。**当接受借口时，你就接受了失败。适当地拓展你自己和你的团队。对更改目标不要随意妥协，但在如何实现目标方面保持高度灵活性。

6. **有所作为。**业绩的好坏不是以电子邮件和会议的数量来衡量的，而是用结果来衡量的。按照高层的计划形式，制订一个影响力大的工作计划。

7. **积极主动。**不要等待被告知。如果你看到一个机会或问题，把它当作一个让自己发光的机会，对其善加利用并掌握主动权。将模棱两可和危机视为成长、学习和有所作为的机会。

8. **适应。**生存和成功的规则因组织和级别而异。不要沉醉于过去的成功。不断学习、成长并适应在新环境中生存和成功的新规则。

9. **努力地工作，聪明地工作。**成功没有捷径或神奇的公式。成功的秘诀在于努力地工作，也要聪明地工作——高效地管理时间；专注于正确的事情；借助他人的力量开展工作，不要事事亲力亲为。

10. **做好表率。**你的行为、态度和目标都要成为别人的榜样。以身作则，制定远大目标并不断提高标准。

　　在大多数行动中，想要取得工作成果的最简单的方式就是找到谁是真正的利益相关者，并了解他们会做出什么反应。每个利益相关者都有不同的立场，并会因此有不同的标准和需求。财务部门会担心支付和回款能力；市场部门看重竞争力；销售部门关心价格和产品定位；人力资源部门将研究人员配备问题。一旦你能够明确大家的需求，你就可以全面权衡，以确保每个人的需求都能够得到满足。

取得成果：业绩与观点

管理者必须取得成果。业绩并不总是指获得利润，不是每个人都有损益责任。管理者可以对项目成果、质量、成本负责，还可以负责产品设计、开发和交付，或者招聘和培训员工。你要负责的成果可能是各种各样的。归根结底，对管理者的考验是他们要确保能够交付这些成果。无论怎样，许多组织都不会太仔细地考察取得成果的过程，除非涉及不道德行为或非法活动。相反，如果管理者未能交付成果，则代表管理失败。结果胜于借口。

基本上，管理者可以通过 5 种方式获得令人满意的成果。

1. 更努力地工作。
2. 更聪明地工作。
3. 确定最低要求。
4. 让期待保持一致。
5. 管理结果。

更努力地工作

在工作与生活平衡的时代，人们通常希望减少工作时间，更努力地工作是一个令人不快的要求。然而，更努力地工作并不是解决问题的长久之计。鉴于大多数管理工作的性质模棱两可，上司们并不知道每个管理者在工作上到底投入了多少精力。如果你取得了成果，上司会认为你可以做得更好，因此努力工作的回报可能是更多的工作。只有当你无法交付或抱怨得足够大声时，你的工作量才会减少。努力工作是必须的，但是仅靠努力工作是不够的。

> 努力工作的回报可能是更多的工作。

更聪明地工作

以结果为导向，理想的结果是我们能找到更好、更快、更经济的工作方式。更好、更快、更经济是工作的本质，如果你能又好又快又经济地取得成果，理想的结果就是升职，但更直接的后果通常与更努力地工作相同：工作量增加而不是工作时间减少。就像更努力地工作一样，更聪明地工作是必要的，但仍是不够的。

确定最低要求

实现容易的目标比实现困难的目标容易很多。许多管理者意识到，为实现一个简单的目标努力谈判 1 个月要比为实现一个困难的目标艰难地工作 11 个月好得多。即使是 CEO 也会这样做——新上任的 CEO 经常会找出公司财务方面的漏洞，从而要求财务部门根据公司的目标进行销账或账目调整。确定最低要求不会促进业务发展，但确实有利于个人职业发展。

让期待保持一致

大多数战斗在第一枪响起之前就分出了胜负。大多数任务也是如此。你的成功与否取决于你是否为成功做好了准备：你是否拥有明确的目标以及正确的资源、时间框架和管理支持。这在模糊的工作世界中至关重要。模糊会导致返工、困惑和压力。明确的目标使你有明确的重点，你也要确保它们是正确的目标。

前 4 种方式都要求管理者亲力亲为。这可能是必要的，但管理者是通过管理他人实现目标的。这就引出第 5 种管理方式，即管理结果。

结果导向导致的意外后果

结果导向可能导致一些意想不到的后果。在公共部门，一味关注结果可能导致结果很尴尬，举例如下。

- 根据学生的考试成绩对学校进行排名：为了提高通过率，学校让学生学习最简单的科目。学校试图根据能力预先选择学生，以便本校的整体成绩看起来不错。结果成绩提高了，教育水平却没有提高。

- 要求医院减少手术等待时间：医院使用创造性的方法——将病人从等待名单转移到其他类型的名单上，并要求病人重新登记。这样一来，如果病人没有及时登记，他们的名字就不会重新出现在等待名单上。

- 政府既需要支出，又需要偿还债务：政府通过让私营部门承包重大基础设施项目（与医院、铁路等有关）来消除支出和借款。如果私营部门尝试同样的手段，监管者可能采取行动。

私营机构的结果也不尽如人意，举例如下。

- 本书第 1 版在金融危机前指出："银行根据信贷员的贷款量奖励他们。借钱给人们很容易，收回却很难。当坏账增加时，信贷员已经收到了他们的奖金并升到了领导岗位。"于是金融危机不可避免。下一次金融危机还是会发生，因为什么都没有改变。交易者承担巨大的风险，所以他们会得到丰厚的回报；但即使他们失败了，遭受的损失也十分有限。

- 铁路公司和航空公司延长了行程所需的时间。例如，从伦敦到巴黎的飞行时间比 40 年前慢了 20 分钟，这使得航空公司可以保证更多的航班是准时到达的。
- 伦敦地铁减少了环线的服务频率，以"提高乘客满意度"。这意味着它可以兑现自己的服务承诺。问题在于它提供服务的频率本身减少了。如果 1 小时只开一趟地铁，其结果必然是服务承诺兑现度达到 100%，但乘客不满意度也达到 100%。

管理结果

管理者通过管理他人实现目标。做事（自己更加努力地工作，更加聪明地工作）和管理（让别人更加努力地工作，更加聪明地工作）之间存在巨大的差别。一切都靠自己的管理者不是真正的管理者。从长远看，这种管理者注定要失败，因为管理是一种团队活动。

作为管理者，你必须跨出关键性的一步，从"如何做"跨到"谁来做"。当你得到任务时，作为团队成员，你可能会想"这件事我该如何做"；作为管理者，你的反应应该是"这件事应该交给谁来做"或"谁能帮我做"。在回答"如何做"这个问题时，无论你的答案多么有创意，你能取得的成绩总是有限的。一旦开始问"谁来做"，你就不会受到个人时间、精力、视野的局限，可以开始发挥团队和其他同事的力量。

> **作为管理者，你必须跨出关键性的一步，从"如何做"跨到"谁来做"。**

只有当你专注于管理的本质时，你才能管理结果——通过管理他人实现目标。你需要利用合适的人，以正确的方式应对正确的挑战，本书的重点就是如何通过管理他人实现目标。

做出决策：快速形成直觉

决策原则

优秀的管理者通常被认为是果断的。"果断"和"专业""有效"或"有魅力"一样，含义模糊、难以界定。没有人能够教授如何"果断"，人们通常认为这是天生的，无法后天习得。我们发现，果断的管理者通常表现出 4 种特定的行为方式。

1. **注重行动而非分析**。行动能带来结果，分析则不能。少量的分析通常可以带来更好的解决方案，因为它迫使讨论集中在产生重大影响的关键问题上。通常，细节会干扰决策。

2. **选择实用而不是完美的解决方案**。接受完美的解决方案并不存在的事实。找到一个在实践中可行的解决方案，即使它在理论上并不完美。完美的解决方案是实用的解决方案的敌人，因为追求完美会导致无所作为。一个实用的解决方案是可以付诸实施的。

3. **与他人一起解决问题**。利用组织的集体知识、智慧和经验来获得洞察力，使用它来识别和规避重大风险和陷阱。但是，不要把解决问题的过程变成政治谈判。在政治谈判中，谈判的主旨是安抚每个人，得出的结果往往是最折中的结果，而不是最有效的解决方案。

4. **承担责任**。在责任分工不明确的地方，如果你有勇气站出来承担责任，组织中的大多数人会如释重负。你会成为别人的榜样。这是一个决定性的时刻，将区分领导者和追随者。大多数人会很乐意跟随你。

上述行为方式是果断的管理者的标志，至少在处理诸如延迟交货、人员配备和预算争议这样的小问题上是这样的。但在面临重大决策时，这些行为方式往往不能帮助管理者。随着问题规模的升级、参与者数量的增加，所涉及的理性和政治技能也随之增加。突然之间，管理者会变得非常厌恶风险。管理者的噩梦是对错误的决定负责。为了避免这种命运，管理者寻求正式流程、详尽分析和广泛咨询来优化决策，更重要的是借助这些手段可以分散责任。即使这个决定被证明是错误的，每个人也都参与了这个过程，大家很难将责任归咎于一个人。理性的决策过程变成了一个权衡利弊的决策过程（避免为可能带来损害的解决方案负责）。

决策越重大，管理者就越会规避风险。

一般来说，冒着风险做出正确决策的回报非常低。你的成功可能被其他因素破坏，或被其他人抢去，而且它对你的整体薪酬提升和晋升前景的帮助也微乎其微。同时，冒着风险做出一个错误决策的后果是很严重的，同事们会将责任归于你，你的声誉也会受到影响。

风险练习

你有机会在掷硬币时赢得 1000 英镑（理论上是 50% 的机会）。你会花多少钱玩这个游戏？

大多数人会提供远低于 500 英镑的价格，如果玩游戏的次数足够多，这应该就是游戏的平均收益。对失败的恐惧超过了对成功的期待。当然，把游戏的获胜奖金换成 10 便士，大多数人会开心地花 5 便士玩。这个练习说明风险厌恶心理随着潜在损失规模的提升而加深。

决策陷阱

重分析，轻行动

分析是安全的，行动是有风险的。但分析往往会带来更多的挑战和问题，从而需要更多的分析。慢慢地，这一循环会不断地进行下去。没有人能看透分析所抛出的挑战和问题。分析造成的瘫痪成为令人厌恶的现实。

追求完美而非实用

面对小问题，走捷径似乎是可以接受的。人们往往认为更大的问题需要更好的解决方案，重大的问题应该得到完美的解决方案，完美的解决方案也必须是风险最小的解决方案。只是，在混乱的管理世界中并没有完美的解决方案。任何解决方案都是两个方案之间的一种权衡之策。书本上没有好的解决方案，它只存在于现实中。

> **在混乱的管理世界中并没有完美的解决方案。**

通过集体规避风险

人们普遍认为，集体犯错比个人犯错要好得多：没有人愿意冒着风险成为公司中的傻瓜。在某些组织中，集体犯错比个人做出正确的决策要好，正确反而被视为对团队的破坏，会遭人诽谤而非赞扬。寻求集体责任是自然的风险规避方法。集体责任需要协商一致，而协商一致很少是最佳解决办法。

协商一致的解决办法是让每个部门意见最小的解决办法，是一个政治性的解决方案。让其他人参与讨论的目的不应该是达成共识，而是获得洞见。最终，一个人需要同时确定问题和解决方案。你应该利用其他人来获得洞见并推动行动，而不是以集体做掩饰防止以后出现问题。

推卸责任

重大问题的责任通常由几个部门共同承担，这就可能导致部门之间互相推卸责任。没人愿意承担责任。对问题的分析停留在"哪里出了问题"的层面，而不是"如何解决问题"的层面。

在实践中决策

在本章后面的内容中，有许多决策和解决问题的工具可供管理者使用。在实践中，管理者很少使用这些工具。相反，他们问自己 3 个问题，这些问题通常会生成一个实用的方案。

1. 这个问题有现成的模式可依吗？

2. 这个决策对谁很重要，为什么？

3. 是否已经有人知道答案？

这个问题有现成的模式可依吗

模式识别通常被管理者当作直觉或经验。然而，与直觉不同，模式识别是可以学习的。模式识别只是观察在不同情况下哪些有效、哪些无效。只要识别出熟悉的模式，你就能够预测哪些操作将起作用、哪些操作会无效。你会显得很有商业直觉。

学会识别商业模式

广告是一个奇怪的领域，广告商的创造力必须符合市场规则的要求。好的广告可以改变一个品牌的命运；糟糕的广告也可以扼杀一个品牌。无论采取哪种方式，制作和播出广告都需要巨额资金。对支付广告费的客户来说，最大的担忧就是自己的支出是否会有相应的回报。

宝洁（P&G）是全球日用消费品公司巨头之一，它并不依赖直觉。它积累了丰富的经验，掌握了成功和失败的模式。年轻的品牌经理必须快速掌握这种模式识别能力。在宝洁的总部办公室里，有一个黑暗的房间，专供他们学习模式识别的秘密。按照规定，新入职的品牌经理要做的第一件事就是进入这个房间学习。他们将通过观看自己所负责的品牌在过去 50 年中播放的所有广告来学习。观看 50 年的广告，就像阅读一部英国社会史。每条广告，都有相应的关键统计数据来显示它的表现如何。

在观看了几小时此类内容后，即使是最没有经验的市场经理也会获得一种不可思议的能力：观看广告 30 秒就能预测其评价和效果如何。这就是快速学会识别模式的案例。它跳过理论，从实践出发，且行之有效。

当管理者意识到自己需要决策时，模式识别便开始发挥作用。如果面对的是一个熟悉的模式，决策通常来说就很容易做出（请看上面专栏中的典型案例）。

有效的管理者从日常情境中观察并学习，以构建适应自己组织的模式：理解什么是有效的、什么是无效的。我们可能无法回顾 50 年来人们管理冲突、谈判、影响他人或解决问题的过程，但良好的观察可以帮助我们提升个人技能水平，有助于我们识别模式，并帮助我们展现出色的商业意识和直觉。

模式识别可以在一系列决策条件下习得。

- **竞争反应。**长期的竞争对手知道彼此将如何反应，而无须串通（这将违反反垄断法）。在许多细分市场上，都存在一个价格领导者，所有竞争对手都根据这个价格领导者的行为做出反应。如果价格领导者提高价格，竞争对手都会跟随。如果领导者只是临时降价促销，竞争对手则会自动忽略；如果降价行为是长期的，竞争对手又会跟随。这使得许多公司的定价决策非常简单：跟随价格领导者。

- 购买决策。顶级时尚买手看到货架上的衣服时，可以准确地说出每一件的成本，并轻而易举地确定其适当的零售价格。任何被认为多付钱的买手都可能与他们的上司进行过非常不愉快的讨论。他们之所以能够做到见衣识价，是因为他们在几十年的零售经验中见过数千件衣服。模式识别来自经验。

- 管理人在很大程度上是模式识别的过程。我们必须快速了解大家的工作风格、风险偏好、以人为中心还是以事为中心。模式不分正确与否，从管理者的角度看，关键是了解不同人的模式。

如果一个决策符合常见模式，那么大多数管理者都有信心做出决定。宝洁公司的品牌经理会根据自己的判断来批准直接开展新的营销活动，而无须耗时耗力的市场调研。你也可以通过模式识别来做出决策。

这个决策对谁很重要，为什么

决策既关乎理性，也关乎政治。管理者需要能够付诸行动的解决方案，不能付诸行动的完美解决方案是没有用的。只有决策得到人们的支持，管理者才能付诸行动。这意味着管理者除了要问"做什么决策"，还必须问"这个决策对谁很重要"。

决策既关乎理性，也关乎政治。

在决策方面，基本上有 4 种可能性，每种都有可能产生不同的结果。

1. 决策对团队成员来说是**最重要的**。如果可能，请支持团队成员，指导他们并鼓励他们做出决策。不要让他们依赖你来做他们所有的决策，这样他们不会在专业能力上有所成长，你也会疲惫不堪。

2. 决策对你的上司很重要。你如果了解上司的计划，就应该知道他决策的偏好。将问题和解决方案设计好，并将它们推荐给你的上司。

如果前景不明朗，可以和上司一起讨论来解决问题。

3. 这个决策对另一位同事很重要。从长远来看，管理者在整个组织中需要协作者和支持者，因此请与同事沟通并找到互惠互利的解决方案。帮助他，同时为自己赢得一个朋友。

4. 决策对你和你的计划很重要。如果选择很明确，那就做出决定；如果不明确，请寻求帮助（参见下文）。

这种决策不涉及任何解决问题的技能，关键技能是了解上司、同事和团队的计划，根据这些工作计划做出决策。正因如此，许多决策水到渠成，人们会逐渐达成共识。采取小规模行动，逐步做出选择，解决方案就会渐渐浮出水面。这对很多工作安排得杂乱无章的管理者来说十分奏效。日常工作中许多小互动有助于人们理解彼此的工作计划，收集信息并慢慢完成一系列决策。

是否已经有人知道答案

管理是一项团队活动。管理者不可能知道所有问题的答案，但必须设法找到所有问题的答案。对于高度复杂的问题，没有人知道答案。但是，财务、市场、运营、IT、销售和人力资源领域的许多不同个体可能掌握问题的部分答案。他们每个人都拿着一块拼图，管理者的工作就是把这些拼图拼在一起。这既是一个智力过程（发现最佳答案），也是一个政治过程（建立一个联盟来支持新出现的答案）。这可能需要时间，在达成共识和协调所有不同计划之前，可能需要多次迭代。

在日本，这种基于共识的决策被称为"共识建立"，宗旨是在会议开始之前达成共识。私下进行初步对话，这一点至关重要。一旦有人在公开场合表明自己的立场，他们就会觉得有必要不惜一切代价来捍卫它，而不会不顾颜面去改变立场。在私下里，你们可以进行更开放和灵活的对话，可以讨论真正的问题，可以协调计划，可以建立信任。你听得越多，你就越能理解决策的政治性和不同利益相关者的观点。你将更深入地了解决策的性质，将更好地了解真正的挑战是什么，不同的选择以及每个选择的后果是什么。你听得越多，你们就越有可能围绕一个大家都能接受的解决方案达成共识。

如何影响决策

1. **抢占先机。**围绕你的工作计划展开辩论。

2. **建立联盟。**在私下场合处理分歧，让人们在不失颜面的情况下改变观点。广泛宣传共识以获得团队支持，寻找有影响力的支持者来支持自己的立场。

3. **逐步达成共识。**不要一次性要求别人同意你的所有观点。让相关部门（包括财务部门和健康与安全部门）的个人支持你的部分观点。

4. **预测回报。**清晰、有序地展示你所倡导的解决方案所带来的收益，量化收益并寻求适当的支持。

5. **制定有利的决策。**将你的工作计划与组织的计划融合，根据不同的对象，用适当的语言和风格表述你的观点；保持乐观。

6. **控制可选范围。**不要提供太多的选择，这会让人困惑，提供两三个选择就好。

7. **规避风险和损失。**让大家看到你的方案风险更小。

8. **清除决策障碍。**为大家扫除后勤或者管理上的障碍，让大家更容易认同你的观点。

9. **持之以恒。**什么策略最有效？重复。重复是最有效的策略，你实践

> 得越多就越幸运。永不放弃。
>
> 10. 适应个体需求。站在别人的视角看待问题，尊重别人在内容、风格和形式上的需要。寻求共同利益，协调工作计划。

最后的决策会议很关键，但它不是为了做出决策，而是为了向所有利益相关者公开确认所有相关方已经达成一致。这个会议建立了信心，并将私下做出的决策合规化。

解决问题：枷锁和框架以及工具

问题解决有时会被认为是高智商者的专利。实际上高智商者恰恰不是解决多数管理问题的合适人选。一些聪明的人会徒劳地寻找不存在的完美的解决方案，所以他们一事无成。实用的解决方案比完美的解决方案更可取，因为它会促成行动。完美的解决方案是实用的解决方案的敌人。有效解决问题的背后有 3 个原则。

1. 明确问题。

2. 聚焦原因而非表象。

3. 分清问题的轻重缓急。

自认为聪明的管理者觉得他们知道所有问题的答案。真正聪明的管理者知道真正的问题在哪里。错误问题的最佳答案是没有用的。本节的目的是帮助你确认正确的问题，提出正确的问题并得出实用的解决方案。

> 自认为聪明的管理者觉得他们知道所有问题的答案。真正聪明的管理者知道真正的问题在哪里。

明确问题

大多数学生在参加任何考试前都会得到严格的提示："确保你回答了问题。"这是非常明显的建议，但经常被忽视，从而带来灾难性的后果。同样的建议需要给所有管理者：确保你回答了问题。在学校考试中，问题是什么很明显。在商业领域，没有人会分发试卷，也没有人会把考试题目告知你，但是你应该知道它们是什么。

在管理的初级阶段，考试题目通常非常清晰。它们往往呈现为简单的业绩目标：销售更多的产品、获得更多的利润以及在有限时间里成交更多的订单。随着管理者职业生涯的发展，清晰度开始降低，歧义逐渐增加。目标可能很明确（实现利润目标），达到目的的手段却不是。以正确的方法解决正确的问题才能实现整体目标。你必须知道问题在哪里。

了解自己的问题

这是我的重大突破。我必须向 CEO 介绍自己，我做了自认为精彩的演讲。说到最后，CEO 轻咳了一声，似乎在印证我对自己才能的判断。

"这是一次令人印象非常深刻的演讲。"他说，"我只有一个问题。"

我已经准备好回答任何问题，我有 200 页的详细分析报告作为后盾，这是我大放异彩的机会。

"确切地说，你正在解决的问题是什么？"他问。

这是我还没有准备好的一个问题。我很快因自己的虚荣和迷茫而无地自容。

聚焦原因而非表象

没有人会使用去斑剂来治愈水痘。但在商业世界中，人们经常将表象和原因混为一谈。许多削减成本的方案都落入了这个陷阱。CEO 强势高效地宣布了一些裁员或成本节约的目标，管理团队得到的信息是"在 12 个月内给我减少 20% 的成本和 20% 的员工人数，否则你将成为 20% 的一部分，没有任何借口"。超过 15% 的成本被削减，一些高管被解雇。企业需要花费数年时间才能从市场成本削减（失去市场地位和收入）、研发成本削减（导致新产品流速迟缓）和人力成本削减（导致士气下降）的盲目成本削减中恢复。

成本问题始终是其他事情的表象，举例如下。

- 收益不足，这反过来可能是产品问题、市场和销售问题、分销问题导致的。
- 错误的产品和客户组合，导致服务成本高昂，无法收回成本。
- 无效的流程和低效的工作方式。

如果你选择专注于增加收益、改变产品和客户组合或改进流程和工作方式，业务将朝着截然不同的方向发展。简单的削减成本很难取得积极的成果。

在一定比例内，许多人力资源方面的举措所针对的是问题表象，而不是根本原因。基于绩效的考核和晋升制度听起来充满活力，但关注的是表象（员工表现有多好）而非背后的原因。了解业绩好或不好的原因至少与衡量结果一样重要。

> **了解业绩好或不好的原因至少与衡量结果一样重要。**

- 员工的业绩为什么好，为什么不好？
- 为了提升业绩，员工需要拓展哪些技能？

- 该员工未来适合承担什么任务？
- 员工是否具备职业发展和晋升所需要的正确的技能和经验？
- 如何提高业绩？

基于技能的评估会带来更有价值的评估讨论。基于业绩好坏的评估则是对抗性的，不利于操作。许多管理者回避坏消息，这对大家都没有帮助。

任何人都可以发现问题的表象，一般人也能看出利润不够高。一个好的管理者的标志是能够透过表象挖掘问题的根本原因。这里没有捷径可以走，但有一个简单的原则——持续问一个问题"为什么"。

分清问题的轻重缓急

管理过程总是充满问题和挑战。你没有足够的时间应对所有问题，因此必须有所取舍。3 个简单的问题可以帮助管理者明确哪些问题值得解决。

1. 这个问题重要吗？对实现你的总体目标有重大影响吗？换句话说，如果这个问题得不到解决，会不会带来严重的负面影响？有没有一个简单的权宜之计，可以防止事情变得更糟，从而让你专注于其他问题？

2. 这个问题紧急吗？今日事今日毕，这个问题留到明天事情会恶化吗？如果确实如此，那么要立即采取行动。能不能拖延一下？问题并不总是会变得更糟。随着时间推移，你可以获取更多的信息，得到更多的机遇，寻求更多的潜在解决方案，还可以缓解焦虑情绪。

3. 能否付诸实践？管理过程中有一种无可奈何的乐趣，你必须与一些问题长期共存，面临战略挑战与决策，当 IT 项目出错或竞争压力迫使你应对突如其来的需求时，你可能束手无策。在这种情况下，最好的办法就是按兵不动，关注可以控制的问题而不是那些不可控的问题。

问题解决工具

大多数管理者都能凭直觉解决大多数问题，很少坐下来做正式的问题分析，但是手头有一些工具会有所帮助。你不需要每次想使用它们时都拿出笔和纸，在脑海中形成框架就足够了，然后你可以用它们来检查和优化自己的思维。

在这里，我们将介绍 5 个经典的问题解决工具。

1. 成本效益分析
2. SWOT 分析
3. 场力分析
4. 多因素 / 权衡 / 网格分析
5. 创造性的问题解决

没有一种方法是最好的方法，它们在不同的背景下有不同的价值，关键在于在不同情况下选择正确的方法。各种方法的典型假设如下。

1. 成本效益分析。假设已经有明确的问题和解决方案，需要从财务角度对方案进行评估以获得正式批准。
2. SWOT 分析。假设面临一个高度模糊的、通常是战略性的挑战，需要将其进一步结构化。
3. 场力分析。假设要在非财务和定性的标准下，在两个行动方案之间做出选择。
4. 多因素 / 权衡 / 网格分析。假设在标准繁多且重要性不同的多个竞争性方案之间进行选择。
5. 创造性的问题解决。假设一个高度复杂的问题没有已知的答案，需要从创新途径解决问题。

成本效益分析

成本效益分析是所有良好管理决策的主要方法。如果不使用它，灾难往往会接踵而至。成本效益分析的准则最常被滥用于基于战略的 IT 系统变革。当 IT 经理说战略时，他们通常在说这是昂贵的。

强有力的成本效益分析非常引人注目。它迫使管理层认真对待一项提案：没有高管愿意拒绝一个在财务上具有吸引力的可信提案。这里的关键是可信度。仅仅提出具有经济吸引力的提案是不够的，它还必须是可信的。有 3 个要素能使提案变得可信。

1. 强大的逻辑推理能力。

2. 财务部门对数字的验证。如果它不能够被验证，那你的提案就结束了。尽早让财务人员参与进来，获得其建议和支持，确保你提出的数字可以获得财务部门认可并可以得到批准。

3. 运营信誉。风险投资者往往关注数字背后的人，就像支持好的想法一样，他们也支持人。高管们也这样做，为你的提案找到高度可信的支持者和赞助者十分必要。

每个组织都有自己看待财务收益的方式，最常见的如下。

- 投资回收期

- 投资回报率（ROI）

- 净现值（NPV）

在这三者中，投资回收期是最简单的，NPV 是相对容易但最严格的。ROI 被列入其中只是因为它被广泛使用：其简单的计算形式具有误导性，而在更精确地使用它的情况下，它非常复杂。

投资回收期

我需要多长时间才能收回投资？一家银行的裁员计划通常有 3 年的回报期。在没有继任者的情况下，如果银行花费 10 万英镑解雇每年花费银行 5 万英镑（包括福利）的员工，那么投资回收期为 2 年，通过了 3 年回报期的测试。

投资回报率

有许多不同的方法能用来计算投资回报率（ROI），这让计算 ROI 变得棘手。每个专家都有自己的方法，如果你不使用他们的方法，他们就会焦躁不安。因此，建议与组织中的财务部门合作，并搞清楚它遵守哪些规则。争取财务部门的支持，最好让财务部门为你进行计算，因为问题始于知道所需的回报率应该是多少。关于这一点通常存在漫长而乏味的辩论，其中包括对预

> 与组织中的财务部门合作，并搞清楚它遵守哪些规则。

测和历史股票风险溢价的讨论，以及 1 年与 5 年的贝塔系数等。我们现在将避开这种辩论。对大多数管理者来说，所需的 ROI 是上级规定的，它可能因项目的风险而异：节省费用的方案可能要求 ROI 为 10%；新市场拓展的方案可能需要 15% 的 ROI。要进行此类分析，你需要了解投资成本及其在生命周期内预计产生的净收益，以及你需要达成的任何 ROI。下面是一个简单的工作示例，查看在呼叫中心安装自动语音响应器（AVR）取代人工的成本。

工作示例 1

目前每台 AVR 的成本为 1000 英镑。它每年的维护费用为 100 英镑，但将节省 500 英镑的劳动力费用，因此每年的净收益为 400 英镑。由于没有转售价值，4 年后，它将被捐赠给慈善机构。

ROI 计算如下所示。

ROI 目标：15%						
年	0	1	2	3	4	总计
投资	–1000	—	—	—	—	–1000
新的收益	—	400	400	400	400	1600

ROI 的最简单计算形式如下：[（总收益－总成本）/总成本]×（100%/年数）。在此示例中，计算公式如下：

ROI = [（1600 – 1000）/1000] ×（100%/4）=15%

这表明这项投资正好达到 ROI 15% 的企业目标。

这种简单的 ROI 计算形式具有误导性。它假设今天的 1 英镑与 4 年后的 1 英镑一样值钱，下一节会表明这是不正确的。这种 ROI 计算形式的替代方案允许英镑随着时间的推移产生不同的价值，它被称为内部收益率（IRR），实际上是投资的 ROI，令 NPV 为零。要想了解 IRR，需要首先了解 NPV，这会大有裨益。

最实用的解决方案是遵守财务部门制定的规则。这些规则可能是错误的和有误导性的，但是如果这就是做出决策的方式，那么使用它们就是有意义的。

净现值

净现值（NPV）也许是最正统和最可靠的成本效益分析形式。

这里的一个关键概念是贴现率。这个说法是指，今天的 1 英镑比明天的 1 英镑更值钱：我可以投资今天的 1 英镑，明年这个时候让它价值 1.10 英镑。

你对明年 1 英镑的承诺比你现在提供 1 英镑的风险要大得多。由于风险，我可能拿不到现在的 1 英镑（甚至 70 便士），更别提未来的 1 英镑。贴现率根据未来接受 1 英镑而不是现在接受 1 英镑的时间和风险影响进行调整。15% 的贴现率意味着承诺现在 1 英镑的价值与明年的 1.15 英镑，后年的 1.32

英镑，以及 5 年后的大约 2 英镑一样多。反过来说，如果我得到贴现率的承诺，那么 5 年后的大约 2 英镑，在今天对我的价值约 1 英镑。

我将 0.5 的贴现率应用于 5 年后 1 英镑的承诺。

工作示例 2

AVR 的 NPV

			ROI 目标：15%			
年	0	1	2	3	4	总计
贴现率	1	0.87	0.76	0.66	0.57	—
投资	−1000	—	—	—	—	—
成本节约	—	400	400	400	400	—
折现成本 / 收益	−1000	348	302	263	229	142

注：此表中数据为约数。

这个分析表明，AVR 是一项值得的投资。但这是一项非常有局限性的计算，原因如下。

- 它没有考虑主要的灵敏度和不确定性（见下文）。
- 它忽略了二阶效应（心怀不满的客户不挂断电话，以及可能更换供应商）。
- 它忽略了替代方案（外包或离岸外包呼叫中心、升级呼叫中心以通过交叉销售产生收入、细分客户以使高净值的客户仍然获得个人服务等）。

灵敏度分析

这让我们进入假设（What if）的情形，此时电子表格就发挥了作用。如果计算允许我们测试我们的主要假设呢？例如，在前面的 NPV 示例中，如果出现以下情况，AVR 项目将变得没有吸引力（它实现了负 NPV）。

- 所需 ROI 提高到 20%。
- AVR 需要在 3 年后更换，而不是 4 年。
- 每年节省的净成本为 300 英镑，而不是 400 英镑。
- AVR 套件的价格为 1200 英镑。

　　管理人员可以快速学习如何操纵假设，以确保"正确答案"显示在电子表格的右下角。在最复杂的世界中，可以为不同的结果分配不同的概率，并可以推导出加权 NPV。概率分析在某些行业中很重要：计算机融资租赁的盈利能力在很大程度上取决于转售价值和预估的折旧率；石油勘探在很大程度上属于概率事件。但是，大多数管理决策要简单得多。如果一个项目只是通过了成本效益分析，它可能不值得信赖：你知道这些数字是以固定的形式通过测试的，而现实不太可能像预期的那样乐观。如果一个项目是值得投资的，它可以轻松通过任何成本效益分析。即使它的交付低于预期，它仍然可能获得超过整个组织所需的回报。

> **如果一个项目是值得投资的，它可以轻松通过任何成本效益分析。**

SWOT 分析

　　成本效益分析并不能应用于所有问题的分析。成本效益分析意味着结果有一定程度的确定性。管理者知道，唯一能够确定的是不确定性，将一些结构置于模棱两可和不确定的情况下有助于决策和解决问题。也许解决非结构化问题的最简单方法是 SWOT 分析。SWOT 由以下 4 部分构成。

- 优势
- 劣势
- 机会
- 威胁

SWOT 是看待战略挑战的一种简单方法。例如，Techmanics（一家虚构的公司）应该到 A 国扩展业务吗？

- 优势：Techmanics 拥有竞争对手无法企及的卓越技术和出色的产品。强大的研发能力将使我们在竞争中保持领先地位。
- 劣势：在 A 国没有分销渠道，也没有了解市场的 A 国员工。
- 机会：广阔且不断增长的市场，特别是 Techmanics 专注的奢侈品和小配件领域。高端市场利润丰厚。
- 威胁：没有知识产权保护——Techmanics 的产品可能被模仿。

这种高度简化的 SWOT 分析表明以下 3 点。

- 构建困难挑战的价值：它为进一步讨论提供了一个框架。
- 探索其他视角的价值：它着眼于扩张和不扩张的成本和机会，以及可能的竞争反应。
- 在开始详细的成本效益分析之前，需要先确定问题框架。

场力分析

场力分析是一种非常奇特的方式，可以写下特定决策的利弊、收益和关注点。它最适合评估结果受多种定性因素影响的特定行动方案。例如，一家公司讨论了在已经拥有的成功的浴室表面清洁剂的基础上，是否引入地板清洁剂（见表 2.1 的分析）。

表 2.1 是否引入新产品

同意新产品	反对新产品
利用现有的、值得信赖的品牌名称	可能会损害现有品牌
使用备用工厂产能	转换会提升制造的复杂性
攻击了竞争对手的利润中心	可能导致代价高昂的营销战
地板清洁剂是一个巨大的市场	获得市场份额成本高、风险大
我们的产品比竞争对手的更有优势	竞争对手的产品已经成熟
我们的市场测试进展顺利	国情与市场测试不同

这种简单的分析有助于构建和集中讨论。"反对"列成为风险和问题的登记册。可以使用标准的问题解决和头脑风暴的方法来帮助解决所识别的每个风险和问题。

多因素 / 权衡 / 网格分析

多因素 / 权衡 / 网格这一系列解决问题的分析方法是在多个难以比较的选项之间进行选择的好方法。这种方法的真正价值在于迫使人们思考他们用来做决策的标准。它迫使人们明确为什么一个标准比另一个重要。它平息了管理者们的不同选择所带来的漫无边际的争论。管理者们给出各具说服力但相互冲突的论点。这将导致争论变成无用功，并使气氛紧张的僵局出现。

这种方法可以防止僵局出现，并引导更有成效的讨论形成。

它有 6 个简单的步骤。

1. 列出做决策的标准。

2. 根据每个标准的重要性对每个标准进行评分。

3. 列出你的选项。

4. 根据每个标准对每个选项进行评分。

5. 调整你在步骤 2 中给出的权重的原始分数。

6. 把分数加起来，理想情况下，能得到一个商定的结果；如果没有，至少你们会知道为什么，可以就你们不同意的点，进行更集中的讨论。

以下示例着眼于新办公室的选择。

新办公室的选择

从满分 10 分的未加权分数开始（见表 2.2）。

表 2.2　标准的未加权分数

标准	1	2	3	4
员工出入方便	9	3	6	7
易于客户来访	4	6	7	6
成本	2	9	7	5
租期	4	9	2	7
办公室布局	9	4	6	3
环境足迹	9	2	6	4
总分	37	33	34	32

通过第一次计算，标准 1 似乎是明显的赢家。

此时，CEO 介入并指出，正如所有高管的决策权不平等一样，所有标准也不平等。CEO 为标准分配权重并给出表 2.3 的结果，其中未加权分数仅乘以 CEO 分配的权重。

表 2.3　标准的加权分数

标准（及 CEO 权重）	1	2	3	4
员工出入方便（2）	18	6	12	14
易于客户来访（7）	28	42	49	42
成本（10）	20	90	70	50

（续表）

标准（及 CEO 权重）	1	2	3	4
租期（6）	24	54	12	42
办公室布局（5）	45	20	30	15
环境足迹（4）	36	8	24	16
总分	171	220	197	179

这位 CEO 要么天生吝啬，要么是股东资金的勤奋管家。无论如何，他都让成本在权重中占主导地位，因此标准 1 从首选跌落到最后，标准 2 成为明显的赢家，即使标准 2 下的办公室布局和环境足迹看起来非常没有吸引力。

创造性的问题解决

并非所有问题都可以通过逻辑来解决。更有趣的管理挑战需要一定程度的创造性。要求管理者有创造力会导致他们中的大多数人冒出冷汗：创意研讨会让人联想到糟糕的会议，我们总会说，如果我是一棵树、一辆汽车或一名音乐家，我会成为什么样的树、汽车或音乐家。幸运的是，用一些可靠的方法可以给出创造性的解决方案，同时无须忍受创意研讨会最终得到的尴尬结果。

最简单的解决方案是寻求帮助。你可能不知道解决方案，但其他人可能知道。即使他们没有完整的解决方案，他们也可以提供见解，这可能会对你有所帮助。很多练习都展示了群

最简单的解决方案是寻求帮助。

体找到解决方案的能力，沙漠求生、月球求生、太空求生和岛屿求生都是经典的群体动力学练习。在搜索引擎中输入"沙漠求生练习"，大多可以找到大量有用且免费的示例。

更正式的解决方案是通过问题解决的练习，以结构化的方式寻求帮助。以下是通过一系列步骤进行练习的简单方法。

1. 就谁是问题所有者以及你需要解决的问题是什么达成一致。尝试使问题具体化，并尽可能专注。另外，尝试将其表达为结果。笼统和消极的问题很难解决，比如"我们在市场上亏损了"。相比之下，更精确、更积极地定义问题，比如"如何提高我们最忠实客户的留存率"，将更容易得到可操作的解决方案。

2. 向一小群有意愿和能力提供见解和解决方案的人概述问题。理想的小组由 4 到 7 个人组成。太少，不足以产生想法和热情；太多，组内讨论就会变得混乱。

3. 检查对问题陈述的理解，以便每个人都在解决相同的问题。允许提出问题来确认理解是否正确，避免对所提问题进行任何评估。

4. 产生大量想法，在此阶段不允许对想法进行任何评估。让人们在彼此想法的基础上再接再厉。让人们从不同的角度（竞争对手、客户、渠道、成本、产品、服务等）来看待问题，激发更多的想法。找一个人将想法记录在活动挂图上，这样可以避免重复，并让想法贡献者看到他们的想法已被认可，因此他们会觉得没必要重复。你还要更进一步，让人们只陈述他们想法的标题。与好的新闻一样，标题应该概括整个故事。这样可以更轻松地进行记录。

5. 选择一些想法进行详细研究。在这个阶段，你可以突破民主规则，使用芝加哥规则给每个人投 3 票的机会。芝加哥规则意味着没有规则：投票者可以分开选票、出售选票、夺取选票或聚合选票。不要纠结于流程。如果两个人有相似的想法，让他们合并为一个，但不要进行激烈辩论，让两个想法的所有者决定是否合并。通常，你会发现围绕 3 到 5 个可行的想法你们达成了共识，而到目前为止你们还没有对它们做任何评估。

6. 评估最受欢迎的想法。首先看看为什么这是一个好的想法，评估它的好处。管理的本能是先看问题，但聚焦问题会扼杀好的想法。一旦你理解了为什么一个想法是好的，你就可以开始探索它提出的一些问题。表达你的担忧时，以行动为中心的方式如"如何为这个想法提供资金"会推动行动展开，而"这个想法代价太大"会导致冲突。陈述问题的不同方式会导致完全不同的结果。

7. 如果你们最感兴趣的解决方案有一些重要的问题需要解决，请使用相同的过程解决每个问题，再次从步骤 1 开始。你会发现自己将问题分解为可以处理的、更易于管理的小模块。

为管理者解决问题

1. 找到合适的问题。错误问题的正确答案是错误的。关注原因，而不是表现。了解问题出现的原因。

2. 找到问题所有者。找出谁有问题以及为什么这些问题对他们很重要。他们可能已经知道答案，所以询问他们。确定问题的重要性和紧迫性，并相应地衡量你的回应。

3. 利用你的经验。如果你的身份让你拥有专业知识和经验，请使用它们。如果以前见过这类问题，你就应该知道怎么解决。所以，去做吧。

4. 提问。如果你不确定最佳解决方案是什么，请寻求建议。你的同事可能有答案，尽管他们的答案可能并不相同。

5. **避免寻找完美的解决方案。**完美的解决方案是实用的解决方案，因为你永远找不到完美的解决方案。找到并实践实用的解决方案。

6. **着眼于未来。**不要纠结于过去或试图推卸责任。展望未来，展望行动。

7. **先关注收益再关注风险。** 发现风险比发现机会更容易。但是，如果你专注于每个解决方案的风险，你会因恐惧而停滞。首先关注收益，如果收益足够大，那么风险值得承担。

8. **建立联盟以支持你的解决方案。** 寻求建议并建立联盟的好处是建立共识，并为你实施解决方案铺平道路。

9. **保持简单。** 不要一头扎进海量的事实和分析中。谨慎使用正式的问题解决技巧，它们是思考的辅助工具，而不是思维的替代品。最好的解决方案是通过行动发现的，而不是通过分析设计的。

10. **推动行动。** 没有从未出现过的好主意。解决方案只有在出现时才是好的。部分解决方案通常就足够了，你可以在此基础上进行构建和改进。

战略思维：现实、浪漫主义和经典

很多商学院的教授认为，战略是如此复杂，只有他们才能真正理解它。为了证明自己的观点，他们提出了各种巧妙的概念，比如价值创新、战略意图、核心竞争力和共同创造。此外，他们还借助各种矩阵、网格和图表，给人以分析严谨的感觉。

不要被误导。大多数战略具有以下特征。

- 有选择地重述历史上某些成功企业的历史。

- 善于描述过去，不善于预测未来。

- 基于有限的简单事实。

大多数公司制定战略的方式与做预算的方式一致：上一年的预算和战略是明年的预算和战略的最重要参数。尽管二者都会不断变化，但很少有公司真正改变战略。著名的案例当然存在，但也是少数。WPP 脱胎于购物手推车制造公司，现在是世界上最大的广告集团之一。诺基亚曾经是世界上最大的手机制造商，最初生产橡胶（欧洲规模庞大的鞋厂）、塑料（地板覆盖物）和林业产品。

> **上一年的预算和战略是明年的预算和战略的最重要参数。**

由于大多数企业不会从根本上改变战略，因此对管理者进行深入战略思考的要求并不高。尽管如此，理解战略思维仍然有用，原因如下。

- 了解自己的业务和战略的相关性。
- 知道如何进行战略性思考。
- 能玩战略游戏。
- 了解战略的类型。

如果你能做到这 4 件事，那么你就为担任高级管理职位做好了充分的准备。

了解自己的业务和战略的相关性

当行政经理开始谈论办公空间的战略部署时，我开始质疑"战略"这个词的用法。我走进食堂，开始考虑如何"战略性"地部署我的抱子甘蓝[①]。和以往一样，行政经理是对的，我只能吃冷的抱子甘蓝。

---

① 抱子甘蓝是在欧美地区广受欢迎的食材。

行政经理回答了一个所有管理者都必须回答的战略问题："我的行动和决策如何支持组织的目标？"这似乎显而易见，但这不仅需要了解你在年度计划中设定的目标，还需要了解高级管理团队的目标。许多管理者没有通过这个浅显的测试：他们太过于关注实现眼前的目标，以至于忘记了考虑他们所处的大环境。

行政经理面临着自己的战略挑战。当我们在办公室里走来走去时，我们可以看到许多顾问在单独的"玻璃鱼缸"里工作：这些"玻璃鱼缸"设置的初衷是在方便交流的同时又保护隐私。而实际上，"鱼缸"阻隔了交流，玻璃妨碍了隐私保护。行政经理曾听 CEO 谈到团队合作、透明度和关注客户的必要性，这意味着要在客户所处的现场工作，而不是在舒适的办公室里。行政经理考虑了一下，想出了一个全新的设计。

所有的"迷你宫殿"，也就是合伙人办公室都消失了，我们被邀请共用一个合作伙伴房间，不得不亲自实践团队合作。不少合伙人对此怒不可遏，因为如果他们在办公区域无所事事的话，大家都会看在眼里。接下来是顾问们，他们的"玻璃鱼缸"和办公桌也被清理掉，取而代之的是成排的公共办公桌。由于没有足够的工位，顾问们发现他们要去客户所处的现场工作，于是办公室里出现了很多小型会议场所，供团队开会和办公。

这位行政经理掌握了战略的本质：他了解组织的需求，并采取行动来支持这些需求。他不需要了解宏伟的企业战略，也不需要谈论核心竞争力，这些与他毫无关系。管理者不需要成为伟大的战略家来思考和行动，他们需要了解组织的真正需求，并在他们所在的领域为这些需求提供支持。

你可以简单测试一下相关行动是否具有战略性——这些行动是否会得到管理层的注意？如果是的话，你很有可能是在从事有战略性的活动；如果不是，那么你可能仍然在做有用但不受重视的工作。

知道如何进行战略性思考

优秀的战略思维通常非常简单：聪明的人化简为繁，真正聪明的人则会化繁为简。

许多成功的组织都有非常简单的战略。

> **聪明的人化简为繁，真正聪明的人则会化繁为简。**

- 易捷航空和西南航空公司：低成本航空公司。
- 戴尔：直销并按订单生产。
- 联邦快递：保证隔日送达。

虽然这些战略都很简单，但它们在竞争中具有毁灭性的力量。让我们逐一来看为什么。

- 易捷航空和西南航空公司：低成本航空公司。从零成本的基础开始，避免全服务航空公司多余的装饰和复杂性，每千米的成本和费用都低到了全服务航空公司无法企及的程度。它们与在位企业拉开了明显的竞争差距。
- 戴尔：直销并按订单生产。这种模式避免了销售预测、存货积压、现金流危机和降价清仓等问题，而这些问题困扰着使用传统销售模式的经销商们。在位企业感觉无法摆脱忠诚的经销商，因此止步不前。
- 联邦快递：保证隔日送达。当时没有其他快递企业做到这一点。该公司在全国范围内布局基础设施，快速提升业务量和扩大规模，使其他企业很难企及。

现在，考虑一下这些战略在过去 20 年中发生了多大改变。每个组织的战略基本上与 20 年前比没有什么变化。伟大的战略很少改变。

能玩战略游戏

如果你曾经申请加入战略咨询公司，你就有机会玩战略游戏，它也被称为案例分析面试。这个游戏值得一玩：它可以让你深入了解雇主的愿景，并让你在与高级管理人员的对话中坚持自己的观点。

表面上看，游戏的目的是为一些难以估量的商业问题找到答案，例如："MegaBucks 公司是否应该将其产品范围从摄影器材扩展到复印机等其他成像产品？"游戏的真正目的是检验你是否可以用结构化和战略性的方式思考，实际答案并不是特别重要。怀疑者可能会说，战略咨询的本质是证明你很聪明，不要太担心答案。

要取得成功，你不一定需要知道正确的答案，你只需要知道正确的问题。有效的战略讨论会从一系列不同的角度看待上文提到的问题。

> **要取得成功，你不一定需要知道正确的答案，你只需要知道正确的问题。**

- 我们具备什么能力？这涉及哈默（Hamel）和普拉哈拉德（Prahalad）（管理思想家和学者）有关核心竞争力的论述。成像技术和摄影技术十分相似，佳能就连接了这两个市场。

- 市场前景如何？市场在成长吗？可获取利益吗？定价趋势是什么？更关键的是，你需要查看市场中的个性化细分市场。哪些地方市场供给不足？哪些需求未得到满足？佳能发现，旧的核心复印功能侧重于大批量复印，无法满足秘书们随时快印一两张纸的需求。因此，佳能没有满足市场对快速、廉价和印刷质量普通的复印机的需求。此时，复印速度未曾得到重视。

- 竞争是什么样的？这里又需要观察未被满足的细分市场。施乐的市场规模庞大，看起来无法被撼动，但该公司在办公场所没有分布式 / 本地复印机市场。

- 从客户的角度看，市场的经济规律是什么？秘书们不想被大型复印机的长期租约束缚，更愿意购买廉价的本地复印机。

- 从生产制造商的角度来看，经济性如何？备用硒鼓的市场前景广阔。这意味着关键在于将复印机送到秘书们的办公桌上，如果有必要的话，可以亏本出售，然后依靠配件赚钱。这也意味着产品必须易于维护和补给，无须技术人员操作。这反过来又推动了一种更大众化的分销模式，通过经销商而不是通过传统的 B2B 推销员模式。

在玩游戏的过程中，你应该记住需要问哪些问题以及对这些问题保持什么样的观点。

- 公司及其竞争对手的能力。

- 市场前景：包括细分市场规模、增长率、盈利能力和周期性。

- 客户需求：包括细分市场的产品、价格、定位问题。

- 按细分市场划分的竞争地位。我们的价值主张是什么？我们是否有任何可持续的优势？进入市场有没有壁垒？

- 与竞争对手、客户和我们自己有关的经济学。什么是价值链？规模化对整个价值链有何影响？

要不断思考这些问题，直到找到令人信服的答案。很多时候，你会发现所有问题中都有一个关键原因在起作用。在湿水泥供应这个特殊领域中，流通经济学倾向于支持建立地方垄断企业。要想得出这个简单的答案，需要一些思考与质疑。提出一系列问题将帮助你快速明确为什么微软的盈利能力很强，而航空公司的盈利能力是周期性变化的。

了解战略的类型

了解战略的类型十分有用。战略分为两种不同的类型：经典和后现代。

经典战略

经典战略主要关注因果关系。它探索的是商业领域的科学定律："如果 x 发生，那么 y 就是结果。"这是源于启蒙思想的战略，目的是找到适用于所有情况的普遍规则。这种战略领域的权威是迈克尔·波特（五力分析）和波士顿咨询小组（掀起矩阵分析热潮）。好消息是，这些普遍规则能为我们带来一些启示，为复杂的情况提供一些见解。坏消息是，规则化的战略工具是极其危险的。如果每个人都使用相同的工具和相同的分析，他们就会得出相同的答案。这会导致盲从，"既然大家都这样做了，那我也这样做"，互联网行业的爆炸式增长就是一个典型的盲从现象。

如果世界上许多银行家为了追求利润向次贷市场放贷、制造复杂的衍生品并增加资本杠杆，他们就共同建造了一座纸牌屋。作为个体，他们的决定可能很聪明，但纸牌屋一旦倒塌将导致全球经济衰退。盲从可能导致危险的后果。

后现代战略

后现代战略是一群教授从普拉哈拉德（核心竞争力、战略意图的倡导者）的战略基础上建立的，他的追随者包括加里·哈默、钱·金（价值创新）和文卡特·拉马斯瓦米（共同创造）。他们反对正统的经典理论。对他们来说，战略是一个发现的过程，在这个过程中，人们创造了未来，而不是通过分析过去来对现在做出反应。这是一种过程驱动的战略观，而非分析性的战略观。这种战略观不会要求组织假装知晓所有，它要求组织自己发现并创造答案。

这种战略观的优点是带来了更具创造性的结果，并鼓励组织更深入地参与；缺点是它通常并不实用。它寻求激进的战略变革，但大多数大型组织要么不需要如此彻底的战略重组，要么没有能力实现它。

总体来说，经典战略最适合老牌公司；后现代战略则适合新入行的公司或初创企业，但这些组织规模太小，它们很难意识到自己正在使用这样的战略。

财务技能

财务技能是所有管理者的核心技能。不幸的是，财务技能被蒙上了一层不必要的神秘面纱。会计和财务领域的专业人士给这种技能创造了大量的术语、技巧。这令大多数管理者望而生畏。会计和财务领域的专业联盟仿佛中世纪的手工业协会，竭力保证自己的行业不受外界侵害。财务和会计领域的某些领域确实十分复杂，但是国际上对银行的监管资本要求并不是普通管理者需要或者想要了解的内容。很明显，多数银行家和银行监管人员也不具备分析这个要求的能力。但是所有的管理者都应该具备核心的财务和会计技能。

这些技能不是纯粹的智力技能。大多数财务技能都带有深刻的政治性，因为它们涉及资源分配、目标设定、期望和优先顺序。这不可避免地涉及竞争战略的核心：如何与其他部门的管理者竞争，以确保获得正确的资源、期望值和目标。正式的财务工具只是管理者在这些政治斗争和竞争中的武器。只有最天真的管理者才会把财务管理当作一种客观、合乎逻辑和理性的过程，完全从理性上分析是非对错。正确的财务解决方案能最大限度地帮助管理者实现最优目标。

以下各节探讨了所有管理者都需要具备的核心财务技能。

- 制定预算
- 管理预算
- 管理成本
- 善用电子表格

这些技能也是管理者在财务和政治方面的战场。每个战场都有公认的武器，即分析工具，管理者可以使用它们来实现目标。这些武器的性质因组织而异。无论如何，学习如何充分利用这些武器是值得的。大多数传统财务教科书都专注于寻找正确的答案和正确的数字。不要从智力方面运用数字寻找理想答案。管理者使用数字的方式与律师使用事实的方式相同：有选择地运用事实来支持他们的案件，而不是阐明全部真相。

管理者使用数字的方式与律师使用事实的方式相同：有选择地运用事实来支持他们的案件，而不是阐明全部真相。

制定预算：业绩中的政治

预算是两级管理层之间的协议："我们同意以一定数量的资金换取一定程度的回报"。与所有协议一样，这不是理性和客观的行为。这是服务的卖方（级别相对低的管理者）和买方（级别相对高的管理者）之间的谈判。与大多数谈判不同，预算谈判中的买方和卖方的信息层级基本相同，他们对彼此的风格与策略了如指掌。因此，谈判可能变得非常激烈。

大多数预算谈判的过程有两个要素：锚定和调整。

预算锚定

本年度的预算会是下一年度预算的最好参照，本年度的预算将为下一年度的预算谈判提供定位锚点。这在很多组织中已经成为惯例，因此管理者会尽可能充分地利用本年度的预算，也尽量不在本年度超额完成目标，因为预算执行不到位和超额完成目标会造成预算标准被重新设定。如果本年度表现太好（参考下面专栏的案例），下一年度的目标将更难完成。这种预算设置明显制约了预算发挥功能——它将阻碍业绩的提升。

> **本年度的预算会是下一年度预算的最好参照。**

为了实现真正的改变，应该按照不同的方法重新设定预算标准。锚定预算应该尽早着手，以便以正确的框架进行讨论。如果讨论围绕"我们应该对去年的预算增加或减少到什么程度"，那么只会出现微小的变化。如果讨论围绕"我们能否在预算增加 70% 的情况下将我们的销售额翻一番"，那么讨论走向就完全不同了。锚定预算的讨论决定了组织目标的高低。

锚定需要作为战略规划流程的一部分，在较大的组织中，战略规划应该在进入年度预算周期之前进行。

进行锚定预算的讨论的最佳方法不是提交详细的战略分析报告来说明为什么要让销售额翻一番，而是在战略规划流程开始前，尽早与高层管理者进行非正式的交谈，越早越好。

利用茶歇时间锚定预算

集团 CEO："今年情况不错。"

业务部门负责人："明年会更好，按现在的趋势，销售额再增长 35% 问题不大，前提是我们在资源方面能够得到支持。"

> 集团 CEO："35%？我以为我们只会增长近 10%。"
>
> 业务部门负责人："35% 的增长需要我们投资即将上线的新产品。"
>
> 集团 CEO："听起来不错，但是现金流会面临挑战。"
>
> 业务部门负责人："我们会具体研究。"
>
> 不知不觉，下一年的预算讨论标准已经设定在 35% 的增长上，当然还需要观察现金流，双方都还没有做出承诺。如果上述交谈没有发生，CEO 听到的就是非常谨慎的首席财务官（CFO）的意见，那么下一年的预算讨论标准可能被设定在 10% 的增长上，因而预算也会比较固定。

预算调整

预算调整以问题的形式进行——"明年与今年有什么不同"，这是围绕细节进行激烈讨论的地方。预算调整看的是与今年相比发生的渐进式变化，预算锚定看的是与今年相比发生的阶跃式变化。典型的渐进式变化包括以下几点。

- 生产力提高。
- 通货膨胀、工资变化等。
- 新的措施和项目出现。
- 市场和竞争趋势变化。
- 定价机遇和压力出现。

这些讨论就像堑壕战一样。职能部门往往具有优势，因为它代表的是高级管理层，拥有其支持和一定程度上的权力。职能部门可以将 100% 的精力放在预算讨论上，而你除了讨论预算还必须管理业务。

许多管理者因此轻易放弃了，这是个错误。最好用一个月的艰难谈判来获得一个轻松的预算目标，而不是用一年的艰难工作来完成一个设定得太高的预算目标。

但是高管的观点正好相反。他们知道在预算谈判的时候各方都会参与，并且都已经做好充分的准备，目的是证明前景黯淡，几乎不可能盈利。对此，高管们有以下两种应对策略。

> 最好用一个月的艰难谈判来获得一个轻松的预算目标，而不是用一年的艰难工作来完成一个设定得太高的预算目标。

- **人事策略**：利用计划和财务部门的员工来运作整个流程，检查事实并质疑，在谈判中摆出诚实的姿态。

- **适度地不可理喻**：好的管理者会选择适当地不可理喻。面对几乎不可能完成的目标，理性的管理者会倾听各种借口。任何理性的管理者都会告诉肯尼迪（Kennedy），他在 10 年内将人送上月球的梦想是不可能实现的，技术、技能、组织和资金都根本不存在。理性的管理者可能会做出在他们认知范围内的正确判断，这就是为什么他们被人遗忘；看上去非理性的管理者要求员工的绩效出色，并提供支持帮助他们实现目标。对借口充耳不闻是一项有用的技能，尽管这会惹怒那些不断辩解的管理者。

管理预算

1. **协商预算。** 不要等待别人把预算目标交给你。尽早推动预算协商，努力争取你可以完成的预算目标。宁愿圆满地完成简单的预算目标，也不要为了完成挑战性太强的预算目标而挣扎。

2. 完成预算。一旦接受了预算目标，你就要全身心投入去完成它。

3. 前期业绩。工作中经常会出现意想不到的情况，尤其是负面情况，要在第一季度或者上半年节约开支同时提高收益。

4. 尽早执行弹性预算。等到年底资金紧张时，弹性预算（包括会议、调查和市场测试等预算）往往会被收回。如果你已经使用了这部分预算，它就不可能被收回。

5. 注意预提费用。要一直向前看，记住你的承诺。要有明确的年度规划，以便在必要的情况下能够尽早调整。

6. 建立储备。要为年底预留资金。新员工招聘可以推迟几个月进行，这样可以将工资的支出省下来。

7. 紧缩。要聪明地支出。全面实行"能挤就挤、能砍就砍"的原则（如向供应商砍价）。

8. 保护预算。警惕预算陷阱。如果其他部门将成本转嫁给你、提高转让价格，或总部将服务强加给你并收取费用，你要像对待外部供应商一样对待这些内部斗争，尽力谈判。

9. 尽早行动。如果你需要改变流程，那么要赶在预算目标确定之前尽早行动。如果时间来不及，就要找好弥补差距的理由。要及时掌握预算信息和规划。

10. 超额完成预算目标（但不要过度）。如果年景比较好，就在最后一个季度做一些调整，比如提前支出以免预算花费过少；推迟收益，以免超额完成太多。这样一来，下一年度的预算目标就会保持较低水平，让你能够尽快打开局面。

管理预算：年度例行事项

每年的预算变动都遵循固定的预算周期。新年伊始往往充满希望，然后预算逐渐紧缩。业绩突出的部门会突然被提高业绩目标，以弥补其他部门滞后的业绩；业绩滞后的部门则得到过多的帮助，但业绩滞后是一种很不好的感受。预算周期决定了管理者管理预算的方式。

要在官方数据公布之前了解你的预算指标。这样做的目的是表明你已经控制整个过程，并在事情偏离轨道时会及时采取纠正措施。当你收到报告说你的预算指标崩溃时，为时已晚。会计数据反映以前的情况，你不能通过回顾来推动业务向前发展。大多数部门应该能够提前 3 个月预测会发生什么：销售部门有销售渠道，人力资源部门有招聘渠道。掌控全局的管理者应该对竞争对手的活动、客户遇到的付款问题或重大项目超支造成的重大难题了如指掌。使用此类信息来创建你自己的预警雷达系统。

要做到未雨绸缪，有以下两个简单可用的原则。

1. 48/52 原则。这个原则很简单，是指在一个财务年度的上半年花费预算的 48%，但实现 52% 的业绩目标。这为下半年可能出现的意外积累了一些储备。即使上半年出了问题，使用 48/52 原则意味着你上半年的结果仍然可能接近 50/50。

2. 储备原则。你应该已经构建了你的原始预算分配体系，以便知道哪里可以进行削减：或许你可以进一步挤压供应商，或者削减项目成本，或者减少市场活动预算。储备原则最简单的应用方法是将新员工招聘推迟两到三个月。你可以将相应的工资支出作为预算收入囊中，以备不时之需。

做好沟通有以下 3 个原则。

1. **避免意外**。如果预算存在问题，请尽早准备，并提前让高层管理者知道问题、原因和你提出的解决方案。保持掌控。如果他们打电话给你，要求你解释负面影响，你的麻烦就来了。你看起来没有保持掌控，处于一种防卫姿态，需要得到同事和管理层的帮助，但没有一个管理者希望自己如此。

2. **避免吹嘘**。当形势大好时，吹嘘是人之常情。高级管理层的习惯是，如果他们认为事情进展顺利，他们会向上修改你的预算。如果形势很好，要将期待值降低，表明下半年将比上半年更具挑战性。尽可能长时间地维持原始预算。

3. **不要抱怨，学会谈判**。如果你的预算修改是自上而下的，请根据新预算和高层进行谈判，预算改变，待遇不能不变。

确定支出的优先级，谨慎地逐步支出。这里有一种微妙的平衡。储备原则要求我们延迟支出。但是，我们知道随着时间推移预算将变得更加紧张，因为需要提前开支。要提前开支需要考虑两个因素。

1. 后期可能被削减重要投资支出——提高生产力的投资需要时间才能获得回报，因此在年底可能受到限制。

2. 由团队自由支配的支出肯定会在年末被削减，但你需要建立你的团队并提高团队成员的技能水平。会议、培训课程和更换笔记本电脑等项目的支出很容易被削减，如果你认为它们很重要，请在钱被拿走之前花掉。

上述原则的前提是你拥有准确的财务数据。最容易让你在管理层中失去信誉的行为就是提供的数据不可靠。如果管理层不能信任你的数据，他们就不能信任你。在你的团队中，一个好的会计师可以提供你所需要的信息。

> **如果管理层不能信任你的数据，他们就不能信任你。**

预算功利主义与徒劳

18 岁时，我在英国税务局（现在的英国税务海关总署）工作过 10 周。我和我的上司是完美的搭档：不得已的上司和不得已的员工。

我所做的工作本身就是徒劳无功的。我要手工修改 1 万名纳税人的税号，也就是将 3 个数字加在一起以得到第 4 个数字。这份工作的效率低得惊人。

- 为期 10 周的工作最多 5 周就能完成。

- 计算机可以在几秒钟内完成工作。

- 无论如何，这项工作毫无意义，因为在今年的工作完成以后，政府将更改税收编码，同样的工作又得重来。

到了第 8 周，上司很慌张，他想让我忙碌起来，不论做什么，一定要看起来很忙，因为稽查员就要来了。如果稽查员看到我已经完成了 10 周的任务，他可能会得出结论：10 周太长了。这样一来，我上司明年的预算将被削减。于是我装作很忙，上司保住了他的预算，而我在下班后得到了一品脱①啤酒。除了焦急的纳税人，大家都很高兴，一切如故。

我开始怀疑业务和预算并不完全与效率和合理性有关，政治和权力似乎也有参与。但我安慰自己，这只是英国税务局的内部情况。不过，其他企业的预算制定真的会更加理性和高效，没有政治因素吗？

---

① 在英制单位中，一品脱约等于 568.26 毫升。——编者注

管理成本：尽量减少痛苦

　　管理成本是管理的核心任务之一。毫无疑问，你的预算将被压缩。一方面，投入成本总是在不断上升：客户很少主动提高价格，员工很少自愿降薪，供应商总是希望价格更高，税务检查员总是很乐意多扣一些；另一方面，高层管理者不断要求"更好、更快、更经济"，不仅要削减成本，还要把事情做得更好。人们不再接受用低成本换取低质量，他们二者都想要。

　　这种压力在财经年度走向结束时像发条一样越拧越紧。新年伊始总是充满希望，随着时间推移，实现目标变得越来越具有挑战性。一个产品或部门遇到了一个大问题，整个组织都要为此付出代价，比如，在一个全球化企业中，其他所有地区和产品的目标都被调高，以弥补日本小部件市场的亏空、对俄罗斯市场业务的制裁或在美国市场被提起诉讼带来的损失。到年底，管理层不可避免地要考虑年度报告的关键比率。因此，要做好准备满足以下要求。

- 削减成本以完成预算。与提高收益相比，削减成本更容易、更快，也更具有确定性。虽然这也给明年带来了问题，但明年的问题放在明年再说吧。
- 通过挤压供应商（延迟付款）和客户（要求立即付款）来管理现金。
- 发挥创造力：将支出资本化，制定额外条款，推迟重大项目，尽早确认收益。

　　精明的管理者知道紧缩在所难免，那就要为此做好准备。这种准备工作可以采取 5 种策略，下面将简单阐述。作为预算周期的一部分，削减成本的目的是以最小的付出来满足高层的要求，并避免对业务本身造成重大损害。短期来看，由预算驱动的成本削减与你孜孜以求的生产力提高有着本质区别。

在经济衰退中，削减成本关乎生存，而不是为了保证生产力。结果可能很难堪。最聪明的公司利用经济衰退来消除组织内的弊病和整治效率低下的管理体系。并不是所有公司在经济衰退中都有这份精明的资本。

真正的成本削减在于提高生产力。由年度预算周期（而不是经济衰退的恐慌）驱动的成本削减涉及各级管理层之间频繁的博弈。针对由年度预算周期驱动的成本削减，有 5 个层级的应对策略。

1. 预算博弈。
2. 软性紧缩。
3. 硬性紧缩。
4. 做出真正的改变。
5. 假装做出真正的改变。

预算博弈

这里涉及 3 种重要的博弈，每一种博弈都是为了避免严重地削减成本，从而导致业务受损。

1. **储备博弈**。这是一种温和的艺术，要在尽可能长的时间内避开高层管理者和员工的眼睛。在年中挤压供应商毫无意义，否则当年底高层要求每个部门将应付账款和应收账款的落实率提高 20% 的时候，你就失去了进一步挤压供应商的空间。这个要求不可避免地会波及那些管理严谨的部门，但是对深谙政治的部门不会造成真正的影响。

2. **KKK 博弈**。这是日语发音的缩写，代表咨询、广告和娱乐。通常来说，这些项目的预算比较容易遭到削减，几乎每个国家和组织都有与 KKK 相对应的内容，可能是咨询、会议和培训。当然，如果会议对你很重要，就要确保在紧缩要求发布之前分配预算并直接付费，保证不可退款。

3. **掌握时机博弈**。做好延迟支出或加快收益的准备。如果今年年景不错，那就努力加快成本支出并延缓收益。如果你本年度超额完成目标，明年你的目标会水涨船高。最好保证明年的目标适中，从而在业绩上顺利打开局面。

进行这种博弈必须适度，参与博弈经常会犯两种错误。

1. 轻易同意新的目标。

2. 抱怨新的目标。告诉高层管理者新的目标难以实现，会让他们感觉良好。你这样描述说明你可以通过努力完成新目标，这正是他们希望看到的。

如果可以，以新目标为契机展开谈判，这种方式可以让高层管理者明白削减成本会造成的后果，以及他们需要面对这些后果。你不能让高层管理者凭空做出削减成本的决定，可以尝试提出两方面要求。

1. 延迟完成一个对高层管理者至关重要的目标，这样既可以考验高层管理者的决心，又能给自己赢得更多时间。当然你的借口是预算减少意味着更少的支持，因此完成目标需要更多时间。

2. 降低下一个年度的目标：现在削减成本意味着之后的业绩会受到影响。

要想在谈判中取得成功，你需要坚持不懈、能言善辩、获得政治性支持以及运气。但是如果你不提要求，你就不会得到回应。

但是如果你不提要求，你就不会得到回应。

软性紧缩

一旦博弈结束，你可能需要面对真正的成本削减。这种软性紧缩需要经历 4 个层面的痛苦。

1. **挤压外部员工和成本。**认真筛选临时工、合同工和咨询人员。如有必要，他们中的大多数人对你有多忠诚，你就向他们展示你有多忠诚。解聘他们，尝试降低差旅座舱等级。高管们发现进舱门后向右转，而不是向左转，不会立即心脏病发作。

2. **挤压内部可自由支配的工作。**停止加班，开始为员工创造更多的工作生活平衡：采用弹性工作时间、批准更多的休假和工作共享。随着情况恶化，延长圣诞节或暑期的停工时间。

3. **冻结岗位编制。**一般来说，有人离职后很难雇用到替代人员，你仍然需要将额外的员工投入最需要他们的岗位。如果有人离开，不要认为可以自动替换他们，可替换的人选可能更适合其他岗位。

4. **冻结招聘。**这会带来阵痛，离职员工的空位没有被补上。通常，压力最大的部门员工离职率最高，因此暂时冻结招聘在这里伤害最大。重新分配员工通常很困难，因为技能组合并不匹配。除非时间比较短，否则长期停止招聘会很难。即使在这个阶段，管理者也会尽可能多地凝聚团队。裁掉员工会损伤士气，影响运营。

软性紧缩的早期迹象是咖啡机从免费到付费。节省的资金与公司削减成本无关，这种行为是象征性的，旨在提高员工的成本意识。但通常，它只是降低了员工的士气，对节省资金帮助不大。

硬性紧缩 ①

此时，真正的痛苦开始了。最后一招是主动裁员，可以通过以下两种方式进行。

1. 提高绩效要求，并悄悄地劝退表现不佳的人。这是一个比较体面的解决方案，可以提高团队的整体素质，并摆脱那些贡献不足的人。从这个角度看，经济衰退也有好的方面：企业可以借机清理内部，不仅仅针对绩效低下的管理者，也包括表现比较差的业务单元。问题在于，这需要时间：建立绩效记录（或在缺乏绩效记录的情况下裁员）和清理人员都很耗时。它作为一种长期管理做法是有效的，但很难应对短期的成本削减。

2. 寻找主动离职的人。这往往是一场灾难，等于承认船正在下沉，所以会游泳的人就要游泳。能在其他地方找到工作的优秀员工会先离开。无法找到工作的人都会拼命地抓住沉船，这恰恰不是你想留住的团队。

最后的选择是非自愿裁员。此时组织显然已经处于某种危机中。辞退员工并没有友善的办法，但是可以采用相对柔和的方式执行。快刀斩乱麻比延长痛苦更可取。为不幸的人保留尽可能多的尊严，让他们对未来抱有希望，但不要过分关注他们。这听起来很残酷，但你需要和幸存者一起生活和工

---

① 下面提供的裁员方法在国内企业是否适用，要以我们的法律法规为依据，此处仅作为介绍国外企业的裁员方法提及。——编者注

作，投入尽可能多的时间帮助幸存者看到他们可以参与的未来仍有希望，这是有意义的。

做出真正的改变

上述削减成本的努力实际上都不会提高潜在业绩。下意识的成本削减令人印象深刻，并能够帮助 CEO 获得更多的分红，但它对业务没有帮助。

在实践中，真正的改变来自两个不同的角度。

1. 稳定地改善运营。不断改善，每年将成本降低 4% 比每 5 年一次性降低 20% 的效果更好，也更温和。
2. 战略变革。这是指对成本模型进行结构性改变：抛弃无利可图和高成本的产品、市场和渠道；开发新技术、新产品和新市场；改变竞争地位。所有这一切写在报告里很容易，但是实现起来很难。

CEO 最喜欢的战略变革是财务重组：利用资产负债表来买卖业务。在经济好的时候买入，在经济衰退时卖出。当 CEO 玩相当于垄断的公司游戏时，损失的是股东，获利的是银行。无论经济上行还是下行，银行都稳赚不赔——它们的收入来自买卖咨询和金融债务。股东在繁荣时期购买定价过高的资产，在萧条时期又以甩卖价格出售，因此蒙受损失。

所有真正的改变的问题在于，你所有竞争对手的技能和天赋都和你相差无几，而且他们都和你做着同样的事情。每年，你都会越来越努力地奔跑，结果只是为了与竞争对手保持同步。至少没有人假装管理很容易。

假装做出真正的改变

持续改进成本和生产力的需求是真实的。即使是最成功的组织也不能停滞不前。但是，一个组织越成功，管理者需要做出的痛苦决策就越少。因此，不可避免地，他们会想方设法来表明他们正在做出明显的改变，而实际上，他们一无所获。这种成本削减带来的虚假利益华而不实。有两种行为可能带来虚假利益。

1. 挤压气球。挤压气球会将空气从气球的一个地方移动到另一个地方，但不会减少气球中的空气量。挤压公司气球将成本从一个地方转移到另一个地方，以营造业务改善的假象。挤压气球的方法有两种。

（1）向其他部门转移成本。提高转让价格，对以前免费的服务（信息技术服务台、法律支持、薪金管理等）收取费用。

（2）将成本转移到下一年。延迟向客户付款，延迟主要支出，将成本资本化（然后在未来 5 年内支付资产折旧）。

2. 计分板法。这是必须向客户展示项目成果的顾问和项目经理的最爱。计分板有两种方式。

（1）将所有潜在收益算作实际收益。根据估算得知，重新设计项目可能让 50 人超额生产 20%，但你不能削减每个人收入的 20%。因此，项目负责人同意生产线经理的意见，即已经确定 20%（或 10 名员工）的成本削减，然后将这 20% 添加到项目已实现的成本节约长清单中。高级管理层不会跟进或检查这 20% 是否真的交付。

（2）改变基准。如果一个部门希望将预算增加 30%，实际上增加 15%，请做好它会声称已将预算削减 15% 的准备。增加的 15% 已转化为削减的 15%。在协商预算时，这种策略受到"政治家"的极大青睐。

如果一个组织存在这种情况，那就说明这个组织是结构冗余的。在必要的情况下，了解游戏的玩法可以帮助你发现和控制游戏，或者参与其中。

制定和控制预算

1. 提高要求。高层管理者总是想要给你一个较低的预算，并会找到无穷无尽的理由来解释为什么应该这样做。你必须挑战和推动他们，让他们改进。

2. 与簿记员 / 会计 / 财务人员交朋友。这些人可以帮助你发现意外，免受伤害。

3. 严格的控制。明确谁被授权，能花费多少。严格实施控制，但不要微观管理，要相信管理人员有一些预算自由。你不必对每台复印机都进行使用授权。

4. 坚持程序。你会听到很多借口，关于为何费用延迟、月底结算被错过或者账目超期。如果你的数据不可靠或过时，你就无法很好地管理。要严格执行流程和标准。

5. 让管理人员负责。预算就是预算。定期（每月）对预算进行审查，保证管理人员可以解释预算的前后差异并同意进行改正。你会听到各种各样的理由，解释为何要修改预算。但是，一旦你的团队认可预算，这就是他们与你的契约。让他们遵守契约。

6. 保持一切成本节约。不可避免地，一些部门会无法完成预算目标。因此，你必须在不同部门之间重新平衡预算，这意味着你必须保持一切成本节约。

7. 关注预提费用，而不是现金。支出不仅是现金，还涉及对未来支出的承诺，要像控制现金一样控制承诺，根据承诺进行规划。

8. 关注大事，而非小事。控制复印机成本这样的小项目比控制大项目更容易。像工资单这样的大项目更难控制，但这就是管理者的职责所在——处理艰难的工作。

9. **保持手段的灵活**。对待目标要执着，手段要灵活。相信团队的创造力，帮助他们实现目标。

10. **谨慎博弈**。作为管理者，你进行过所有博弈，所以你知道人们的惯用伎俩——预留资金、推迟新员工招聘、年底隐藏成本和收入。你可以决定继续跟他们博弈或反对他们，至少要做出明智的选择。

善用电子表格：假设，而不是运算

在电子表格出现之前，有一种天真的假设是计算能力强就等于逻辑思维能力强，反之亦然。但在电子表格时代，我们不必担心计算能力不好，除非有人使用复杂的方程式，掌握电子表格与思维能力有关，但是与计算能力无关。了解创建电子表格的原理大有裨益，表格制作者通常运用两种基本策略。

1. **从右下角开始**。你知道答案一定是百分之几或几百万英镑。因此，请继续调整输入，直到得到答案。然后增加一个安全边际，确保数字看起来不可疑。

2. **用数据击败对手（包括高管和员工）**。大多数人想看到的其实只是右下角的数字是否正确。因此200行、40列、6页纸的内容应该会吓坏大多数人。

电子表格的使用规则很简单，而且制作表格和阅读表格的规则完全不同。

制作表格的规则如下。

- 从表格右下角大家所需的答案开始。

- 编制任何能得到结果的场景和假设。

- 保守地做出一些小而容易检验的假设，这样你就不会显得鲁莽，并有证据表明你很谨慎。

- 掩盖你的行迹：留出一些安全边际，避免使用整数。

- 让关键人员验证模型中的关键假设，使高级管理层无法将其分开。验证是最痛苦但最有用的部分，用于检验销售、运营、人力资源、财务专家和其他相关领域专家的假设，以获得洞察力和检验思维，并为今后的合作建立信任。

阅读表格的规则恰恰相反。

- 忽略结果，除非它不是你想看到的。假设结果是捏造的。

- 在查看表格之前，请考虑 5 种可能产生该结果的主要假设，并注意每个假设的合理性。

- 在查看表格之前，请询问制表人针对以上 5 种假设，他分别做了什么假设，就此你们可以展开热烈的讨论。

- 问"如果……怎么样"的问题：如果每个主要假设都与你的预期不符怎么办？哪里有风险？如何降低这些风险？根据不断变化的假设创建一些场景。这是一个基本的敏感性分析。永远不要依赖单点解决方案，要关注不同的情境。

到此时，表格才值得一看。

有效利用时间：行动与成果

工作努力却成就太少是常态。工作的挑战在于在尽可能短的时间内实现尽可能多的目标。作为管理者，你最宝贵的资源是你的时间，因为你无法反复利用它。管理者的常态是每天都有长长的待办清单需要完成。

你最宝贵的资源是你的时间。

摆脱这种困境的最有力方法是，记住你的工作是通过管理他人实现目标，不是自己做所有的工作。虽然你不能重复利用自己的时间，但你可以通过创造无限的时间来发挥一些管理魔法。如果你获得充足的资源和高效的团队，你就可以运用无限的时间：你可以让其他人为你完成工作。

对于这一点，许多管理者会强烈反对，认为不能增加团队规模或预算。作为管理者，你的角色是让目标与资源相匹配。如果你被要求承担一个大项目，那么你就应该要求一个更高的预算。如果没有预算，也就意味着该项目可能没有看起来的那么大或那么重要。作为管理者，在你承担相应的义务前，确保你的目标和资源相互匹配。如果你不这样做，你就要陷入长达数月的以 10 美元的价格提供价值 100 美元的饭菜的痛苦。

即使建立了你想要的团队，你可能仍然会发现自己时间有限。工作时间不会与工作量完全匹配，工作量往往比工作时间多 10%。专业性强的工作尤其如此。专业人士总是希望达成完美的目标，因此他们倾向于过度交付。你必须找到某种控制时间的方法，否则就会被其反向控制。

以下是你可以控制时间的 5 种方法。

1. 知道你个人想要实现的目标。

2.　明确你的短期目标。

3.　使用短时间间隔法。

4.　避免打扰。

5.　创建休息和边界。

前两种方法侧重于时间的有效性：确保做正确的事情。后三种侧重于提高时间利用效率，这也是大多数时间管理培训的传统重点。

但是，如果你专注于错误的事情，研究如何有效地利用你的时间就毫无意义。出于这个原因，我们将从关注时间的有效性开始。

知道你个人想要实现的目标

如果想有效地利用时间，你应该仔细考虑你想要实现的目标是什么。从来没有简单的答案，只有一些简单的问题。这些都是向着目标前行时要问出的让人烦恼的问题，是需要在远离工作压力的安静时刻思考的问题。

从来没有简单的答案，只有一些简单的问题。

- 当（如果）我退休时，我会告诉我的子孙我做了什么吗？

- 10（或 20）年后，我将如何记住这一年？

- 我今年的目标是什么？每个季度、每个月、每周、每天、每小时以及现在的目标是什么？

- 我现在的行为是否与我对前 3 个问题的回答一致？

- 我如何创建或找到一个情境，让我能回答前 3 个问题并得到我想要的结果？

以下是一些你在 20 年后不会记得的事情。

- 发送的电子邮件数量、拨打的电话或参加的会议数量。
- 你的年终奖金或加薪。
- 你没有达成年度绩效。
- 在办公室或通勤路上花费的时间。

然而，这些正是每天甚至每年消耗最多管理时间和注意力的事情。对于这些事情特别需要注意的是，它们本身不是目标，而是达到目标的手段。电子邮件、会议和电话都是必不可少的，但只有当它们能够实现一些有意义的事情时，它们才有意义——无论在工作上还是生活上。甚至超越今年的销售目标也不是目标本身，它是实现职业或个人目标的一种手段。就个人而言，超越今年的销售目标所得的奖金能够负担生活开销，可能有助于一些长期愿望的实现；从工作上讲，超越销售目标也许只能帮你获得这份工作或创建你一直想要的组织。

知道自己想做什么仿佛显而易见，但事实并非如此。用乔治·奥威尔（George Orwell）的话说："需要不断努力才能看清自己眼前究竟是什么。"许多高管看不到眼前的东西，当下的挑战使他们看不到其他机会。有时，你需要另辟蹊径以建立经验、技能和工作的网络，而不是盲目地专注于从高层委派的目标。知道自己在追求什么，你才能拥有另辟蹊径的勇气。

查尔斯·达尔文：活动与成就

阅读查尔斯·达尔文对他在贝格尔号上的 3 年航行的描述，会觉得他看上去总是很悠闲。他没有把大部分时间花在海上或进行科学研究。他大部分时间都在陆地上度过，拜访他在阿根廷等地的朋友，度过了一段非常愉快的时光。按照现代标准，他完全是在浪费时间。

但他并没有完全闲着。著名的案例是，他在加拉帕戈斯群岛收集和研究了不同品种的雀类，并对它们略有不同的喙感到不解。回到英国后，他继续思考这个问题。他是一名受过训练的地质学家，有地质学家独有的思考方式：他意识到在数百万年的时间里，海床上升成山脉。有了这样的时间思考维度，他可以想象动物如何适应和发生巨大的变化。慢慢地，他产生了对进化论的构思。

按照现代标准，达尔文可能是无所事事的代表了，但他其实很专注。因为这份专注，他取得的成就远远超过所有压力过大、多线程处理全天工作的高管，因为他们忙于成为重要人物。日程满满和成就斐然是非常不同的概念。

明确你的短期目标

目标明确至关重要。它会让你将时间集中在最重要的地方。它可以帮助你将信号与日常工作中的干扰分开。如果缺乏明确的目标，你会发现自己容易陷入事倍功半的陷阱。

拥有明确的目标并非易事，原因有三。

1. 模糊的工作。这是职业生涯的诅咒。过去，很容易看出一个工人生产了多少部件，或者一个销售人员创造了多少销售业绩。但专业性工作的产出很难衡量。报告可以是 1 页或 100 页。无论它有多长，检验事实和观点都永无止境。如果像大多数专业人士一样追求完美，那么在截止日期到来之前，报告永远不会完成。

2. 依赖团队合作。更糟糕的是，大多数专业性工作都依赖于团队合作：

通常很难说谁为最终结果做了什么贡献。因此,专业人士经常发现他们自己工作努力,但收效甚微。

3. 干扰。所有工作都涉及大量的例行事务:报告、会议、检查、预算、电子邮件、管理。你有可能花一整天的时间处理这些事务。归根结底,你努力工作,但一无所获。活动远远多过成就。

要让目标明确,你不仅需要知道要做什么,还需要了解背景。以下这些问题可以帮助你了解背景。

- 谁需要这个?
- 他们为什么需要这个,他们将用它来做什么?
- 作为结果,可接受 / 良好 / 优秀分别是什么样子的?
- 这个在我的优先级别中处于什么位置?
- 我们还有其他方法可以实现这一目标吗?
- 我们需要多少资源,谁将进行授权?
- 什么是(真正的)截止日期和检查点?
- 需要来自谁的哪些批准?

目标明确,让你可以集中精力。给自己一个将日常行为转化为成就的机会。你不会在年底因发送的电子邮件数量或参加的会议数量多而获得奖励。你将收获成就层面的奖励,而不是行为层面的。明确的目标是帮助你管理时间和管理职业生涯的朋友。

使用短时间间隔法

如果你有一个明确的目标,你要将它分解成不同的小目标——从一年,到一个月，到一周，一直到今天的目标，然后将它分解成你将在接下来的 1 小时或 30 分钟内实现的目标。明确每个时间范围内的目标，否则你会虚度光阴。

通常，你的 30 分钟目标应该是处理琐事：回复积压的电子邮件或参加会议。但如果你当天的计划中全是这样的事，那你应该为自己发出一个危险信号：你只是在碌碌无为。有些人将这种分解时间的方法称为番茄工作法，以形状像番茄的厨房计时器命名。你可以将计时器设置为 25 分钟、30 分钟，或者任何你想要的时间，然后在规定时间内实现你的短期目标。通过将你的一天分解为多个 30 分钟（或 50 分钟）的冲刺，你可以创造确保让自己取得成就的专注时刻，而不是整天都忙于应付琐事。

避免打扰

对程序员的研究表明，每打搅程序员一次都会使他们损失 15 分钟，并且当他们重新开始工作时，更容易出错。中断是办公室的重大危害。

问某人是否要喝咖啡，或者聊聊昨晚的电视节目，都是非常具有破坏性的行为。如果你有需要高度集中精力的工作要做，确保你在一个可以控制或不会被打断的地方，这类工作包括审查法律文件、编写代码、核对账目，非常适合在家进行。

这些简短的工作冲刺是最大限度地提高生产力的好方法。激励自己保持专注：当你完成自己设定的任务时，给自己一个奖励。这可能是喝一杯咖啡，或者玩一会儿手机。正如我们将在下一节中看到的，这些结构化的休息是在一天中保持精力的好方法。非结构化的休息会打断你的工作，只会让你的一天更漫长，让你过得更辛苦。当你工作时，努力工作并保持专注；休息时，要好好休息。

创建休息和边界

没有人可以每天连续工作 8 小时而不休息，效率之父泰勒在 100 多年前研究工人时就发现了这一点。所以他坚持让工人每小时休息 5 分钟，即使他们并不感到疲倦。

作为管理者，你也需要这样做。在白天创造休息和边界，让自己保持新鲜感。在办公室里，这些休息时间通常会出现在你从一个会议室走到另一个会议室的时候。你有 5 分钟的时间从上次会议中解压，为下一次会议做好心理准备，问候一下同事，去喝杯咖啡。它们也许是一小时中最宝贵的 5 分钟。在家工作时，当你从一个 Zoom 会议无缝切换到下一个会议时，你会失去这些自然的休息时间。这会令人疲惫。一个好的方法是坚持所有视频会议的持续时间不超过 50 分钟，重现在办公室自然形成的会议之间的休息时间。

你还需要在工作和非工作时间之间创建休息时间。如果你在办公室工作，下班这个动作就很明显。但如果你在家工作，除非你对工作时间有明确的界定，否则你永远在工作。与整个团队商定核心工作时间：何时可以进行视频通话，何时可以通过电子邮件和即时消息进行交流，以及何时可以不间断地工作。如果你不同意这些时间原则，你的工作时间将永远不会结束。

第 3 章

情感管理技能：处理人际关系

情商不是为了友善而友善。创建组织是为了取得各类业绩，就私营公司而言，业绩大多指取得利润。情商本身不是目的，而是达到目的的手段。

情商是知道如何让他人工作，这是管理的核心。情商与命令和控制不同，它利用影响力让其他人心甘情愿地工作，无论你是否对他们有正式的控制权。在大多数扁平化矩阵组织中，不可能靠命令别人来实现目标：你无法控制他们。你必须找到与他们合作的方式，以获得他们的积极支持和认同。如果能做到这一点，你将会拥有远远超出你职位的权力，并获得更好的管理成效。

情商并非与生俱来的特征。有很多管理者认为自己对人很友善，他们可能是对的。但是，被人喜欢与在商业环境中受到尊重和重视迥然不同。有效的管理者需要的是得到尊重和信任，而不是被喜欢。你经常发现许多受人喜欢的人在一潭死水一样的组织中悄无声息地苦苦挣扎。

> **有效的管理者需要的是得到尊重和信任，而不是被喜欢。**

情商学习始于哥白尼（Copernican）的日心说。哥白尼发现地球不是宇宙的中心，我们发现自己不是宇宙的中心。有效的情商要求我们能用别人的眼睛看世界。我们不必喜欢或认同他人的观点，但我们必须理解他人的观点。只有了解了他们的世界观，才有希望改变他们的世界观。

学习情商最好的方法是学习一系列具体的技能，这些技能与基本管理任务直接相关。基于技能的情商方法简单且实用。本章将重点介绍 10 项基于情商的核心管理技能。

- 激励：培养追随者
- 建立高绩效团队：RAMP 模式
- 管理专业人士：管理不想被管理的人
- 管理看不见的团队：组建远程和混合办公团队
- 说服：如何推销
- 辅导：无须更多培训
- 授权：事半功倍
- 应对冲突：从恐惧到倾听
- 注意思维：管理者的思维
- 学习正确的行为：满足团队期望

警觉的读者可能会怀疑说服和激励人们是否有区别，事实上它们是不同的。说服人们往往是指一件事，即获得其他人对一个想法或行动方案的支持，实际上是两个人之间的交易，其中一个人说服或影响另一个人。激励员工并不是一次性交易，它是指建立一种长期的关系，最终让员工完成你想要完成的目标，在此期间不需要对他们进行不断的管理、衡量或监控，如果激励得当，他们会超越期望，超额完成目标。

非常敏锐的读者会注意到诸如变革管理和政治意识等主题的遗漏。这些内容被归入政治商那一章，因为政治商侧重于研究管理者和组织如何互动，情商则更关注管理者和其他个体的互动方式。

事不宜迟，让我们来逐一看看这些重要的情商技能。

激励：培养追随者

基本理论

人类文明出现后，我们可能终于找到了激励的原理。为了找到答案，我们先看看目前仍然占主导位置的两种理论，然后再看看如何在实践中使用它们。

对于第一种理论——基本理论，想象一个你在组织内外特别不喜欢的团队，然后想象一个你特别喜欢与之共事的团队。以下两种描述分别符合你想象的哪个团队？

描述 X

团队成员懒惰而散漫，他们主要为钱工作，并且斤斤计较。他们付出最小的努力，只是为了避免纪律惩罚或收入损失。他们不喜欢风险、模糊性和责任，喜欢将艰难的决定留给别人，然后抱怨别人代表他们做出的是愚蠢的决定。控制这些人的最好方法是对他们进行密切监控、确定明确的奖惩措施，同时下达清晰的指令。

描述 Y

通过适当的管理，团队成员可以充满热情地工作：他们会努力工作，并在一定程度上发挥创造力来解决问题，不需要寻求指导；他们会承担责任而不是逃避责任；除了工资，他们可以从工作中获得更多。这些人是可以信赖的，通过授权，你可以放心地将任务交给他们，不需要密切监督。他们在工作中学习和成长。

你可能发现两种描述中的人在组织中都存在，对每种描述中的人都需要以不同的方式进行管理。从理论上讲，X 型人描述了 19 世纪充满非熟练劳动力的工厂中的工人，而 Y 型人描述了 21 世纪具备高技能水平和强动机的工人。在实践中，这两种人都可以在各种环境中找到。这里还有很大一部分自我实现的因素。如果你把人当作不值得信任、需要被控制的人，他们就会开始用 X 型行为来回应 X 型管理：付出最少的努力来服从你的要求，也不会忠诚。同样，当你开始以 Y 型风格进行管理时，人们可能会做出积极的反应。

麦格雷戈（McGregor）在《企业的人性面》（*The Human Side of Enterprise*）中描述了这两种类型的个体。60 多年后，关于 X 型管理者（严密控制、严格管理）和 Y 型管理者（授权、信任类型）的观点仍然存在。关于 X 型和 Y 型的见解高明之处在于其简单性。

- 不同的人需要以不同的方式进行管理。
- 大多数管理者都对不同类型存在偏好，偏向于 X 型或 Y 型。

正因此，管理者要么需要找到适合其管理风格的环境，要么需要根据不同的环境采用不同的管理风格。想想你共事过的大多数管理者，很少有人能够在 X 型和 Y 型之间切换。环境与管理风格的冲突是大多数团队管理出现问题的根本原因。

复杂的理论

如果需要复杂性，你就需要一些比在两种理论之间直接选择更繁复的东西。选择 X 理论或 Y 理论就像扔硬币一样简单，所以让我们抛开麦格雷戈来看看马斯洛（Maslow）。从 1943 年的《人类动机理论》（*A Theory of Human*

Motivation）到 1997 年的《动机与人格》（*Motivation and Personality*）等一系列文章和书籍中，马斯洛及其理论的支持者建立了需求层次理论。了解马斯洛会对我们很有帮助，原因如下。

1. 他的名声和他的思维方式极大地影响了管理学思想。
2. 他的一些思想十分实用。

马斯洛理论的基本思想是我们都有需求，总是想要更多的东西。一旦满足了一个层次的需求，我们就会发现自己还想要更多。打个比方，小时候我们想要一辆自行车，然后我们想要一辆摩托车，再然后是一辆汽车。为了跟上同事的步伐，我们工作后买了一辆跑车；为了和其他 CEO 攀比，我们想要私人飞机。最后，我们需要自己的大型私人喷气式飞机，并嘲笑任何还在骑车的人。

马斯洛从心理学出发总结了这个效应。而经济学家也注意到了同样的效应，并称之为享乐适应：与适应标准更低的生活相比，我们更容易适应更高的生活水平。如果你在 20 年前很开心，现在想想如果没有 iPad、智能手机、计算机、互联网和廉价航班，你是否还会快乐？ 20 年前，人们是如何生存下来的，这简直像一个谜。

> 如果你在 20 年前很开心，现在想想如果没有 iPad、智能手机、计算机、互联网和廉价航班，你是否还会快乐？

在马斯洛需求层次金字塔的底部（见图 3.1）的生理需求是一种匮乏性需求：如果没有食物、水和空气，我们会不快乐。安全也是一种匮乏性需求：没有庇护，我们也不会快乐。在该金字塔的顶端，我们有自我实现需求。我们想找到意义并留下遗产。这在很大程度上与其他心理学家的理论不谋而合，也没有引起太大的争议。话虽如此，但马斯洛的分类方法在管理语境中基本上是无用的。问 CEO 是否处于恋爱阶段很容易被误解，知道人们处于什么阶段并知道如何应对并不容易。

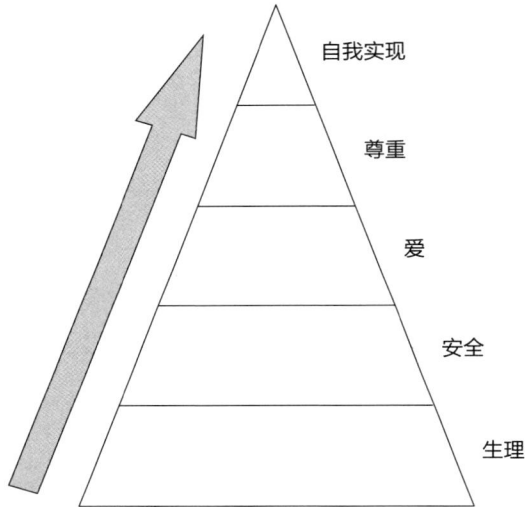

图 3.1 马斯洛需求层次金字塔

管理者需要一些更简单、更实用的东西。因此，在没有得到授权的情况下，我们对马斯洛需求层次金字塔进行了改造，生成管理需求层次图（见图 3.2）。

有了这张图，事情就变得简单了。在经济繁荣时，员工可能想要获得更多的认可和奖励。他们可能对他们将要留下的传世之物有更高的追求。在经济衰退时，人们对工作保障非常感兴趣，甚至会为了生存而牺牲一些薪酬与条件。马斯洛需求层次金字塔在商业周期中是有意义的，正常情况下的薪酬与条件不太可能让大家高兴，但薪酬与条件不佳确实会让大家不高兴。

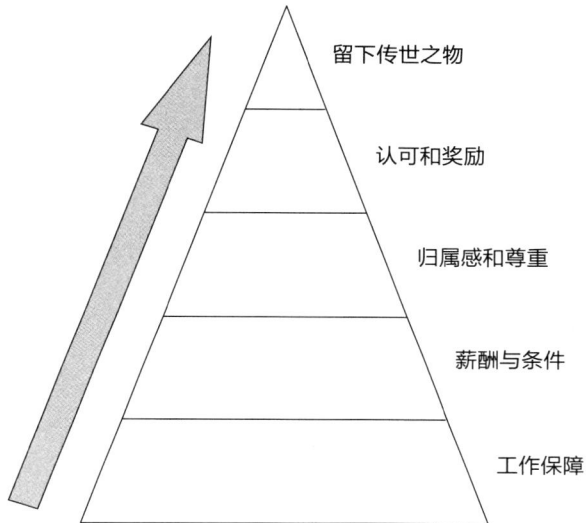

图 3.2　管理需求层次

奖金时间

　　投资银行发放奖金的方式对我们来说也许是一个启示。一位高级交易员获得了 30 万美元的奖金，这对大多数人来说已经足够丰厚，但他很快就毫不犹豫（确认钱到账后）地辞职了，因为另外一位亲近的同事收到了 50 万美元的奖金。问题在于，这笔钱让他认为他的价值不如他的同事。对于一位显然处于职业生涯的奖励和认可阶段的高级交易员来说，这对他脆弱、膨胀的自我是一个可怕的打击。

　　在基础阶段，管理者可以使用下面的框架来查看是否具备激励团队的基本条件。

- 员工是否有安全感，是否一直心怀恐惧、不确定和怀疑？
- 薪酬和待遇是否公平合理？
- 团队成员是否对团队有归属感，还是遵循适者生存的法则？
- 团队成员的贡献是否得到认可，还是所有的风头都被一两个人占据了？
- 整个团队是否存在有价值的目标，这些目标是否支持每个人的个人抱负？

如果你为激励团队创造了基本条件，你就不能止于此，因为激励不是纸上谈兵。激励是一项涉及他人的活动，你必须通过激励他人来处理人际关系。有一些管理者脑子里一直存在等级制度，他们通过恐惧和持续的威胁来管理团队。人们可能为了钱不得不为这样的上司工作，但很少有人主动选择与这样的上司合作。

激励实践：神奇规则

马斯洛只帮助我们理解了如何为激励团队创造基本条件。他没有告诉我们如何在日常工作中处理人际关系。

在实践中，激励每时每刻都在发生，有时是积极的，有时是消极的。几个小动作和几句话就可以增强或减弱团队中每个人的动机。这意味着管理者必须对不断变化的情况做出快速而恰当的反应，因为人类不像计算机程序那样可预测。

为了寻找好的管理者，我们评估了我们组织中的所有管理者，并要求他们的团队也对他们进行评估。虽然数据堆积如山、难以处理且非常混乱。但是，我们看得越多，就越发现有一个问题准确地预先决定了一个团队对其管理者的智商、决策能力、魅力、组织技能、团队领导能力以及我们关注的所有其他素质的评价。这个问题是"我上司关心我和我的职业（同意／不同意）"。这一点简单明了。人们希望作为个人得到关心、重视和尊重。关心他们，他们就会加倍回报你。因此，激励的黄金法则是"对你团队中的每个成员的未来表示关心"。

关心并非总是说团队成员好，或者偶尔用空洞的赞美来管理他们。关心需要双方的承诺和努力，涉及以下要素，后面的章节中也会更详细地介绍。

- 倾听：提出开放性问题，在评判他人之前先理解答案。
- 辅导：帮助人们自己应对挑战，而不是替他们做。
- 诚实：处理令人不愉快的事实，而不是隐藏它们。
- 表达：始终根据心理契约展示自己。
- 风格：尊重每个团队成员的不同风格和技能——与他们合作，而不是强迫他们适应你的风格。
- 愿景和方向：使部门的愿景与每个人的个人需求、愿景和方向相关。

如果这听起来很难，那么事实也正是如此。但这样艰难也是有目的的：鼓励每个团队成员尽其所能。如果这一切听起来有点复杂，那么它可以变得简单：即使简单地表达你的关心，也会产生立竿见影的效果。

建立高绩效团队：RAMP 模式

作为一名管理者，无论你有多擅长激励，最终你都不能告诉你的团队要有动力，就像你不能告诉人们要快乐、乐观或积极一样。这些东西来自内心。你是一名管理者，而不是心理治疗师。幸运的是，你不必成为心理治疗师来实现团队激励。作为管理者，你的角色是创造条件，使你的团队既被激励又有高绩效。

好消息是，大多数专业人士都有内在的动力，他们想做好工作。如果他们被边缘化并且表现不佳，那么责怪他们是最容易的。但是，首先你应该看看他们的工作条件是否支持他们被激励和创造高绩效。

> **大多数专业人士都有内在的动力。**

经过验证的实践表明，你需要设置 4 个条件来提供激励和创造高绩效。如果你这样做，你的团队很可能保留或重新发现他们的内在动力，并开始表现良好。你不需要每周一早上都站在办公桌前，向大家发表鼓舞人心和励志的演讲。激励和高绩效的 4 大支柱可以用 4 个词的大写缩写字母来概括：RAMP。

- 支持性关系（supportive relationships，R）
- 自主权（autonomy and accountability，A）
- 精通（mastery and growth，M）
- 目标感（purpose，P）

支持性关系（R）

传统上，管理一直是关于命令和控制的，它不是一种互相支持的关系。但这一传统受到专业人士的崛起和混合工作制的兴起的挑战。专业人士以自己的工作为荣，不喜欢被微观管理。你必须减少对他们的管理才能更好地管理他们，让他们持续超越目标。命令和控制的手段在你无法看到自己的团队时会变得难以使用。当你的团队远程工作时，你必须相信他们会做正确的事情，而不能一直监督他们。

在这个专业人士和混合工作制兴起的新世界中，你必须从微观管理转向为团队建立支持关系。以下是你可以为团队建立支持关系的 4 种方法。

- 为团队成功做好准备。
- 辅导你的团队。
- 倾听。
- 鼓励同侪互助。

为团队成功做好准备

这是所有管理者最重要的任务之一。确保你的团队拥有成功所需的时间、技能、资源、权威、政治支持和清晰的目标。如果你让你的团队为成功做好了准备，你就为成功做好了准备。这意味着你必须投入时间，与高级利益相关者就目标、金钱和资源进行枯燥且困难的讨论。但这是一项投资，可以提高团队的积极性和绩效，也会获得丰厚的回报。

辅导你的团队

一些管理者认为自己的角色涉及处理和解决团队面临的所有最棘手的问题。如果这就是你所做的，你将一直感到很艰难，同时你的团队也无法学习和成长。与其自己做所有艰难的事情，不如把其中的一些交给你的团队，不要去解决他们将面临的所有问题，让他们自己处理。与其告诉他们答案，不如辅导他们，让他们发现答案。这样做，他们可能会想出比你最初想到的更好的解决方案。这赋予了团队权力并帮助他们成长和发展。本章后面的"辅导：无须更多培训"中详细介绍了辅导。这让传统的命令和控制的上司角色实现了深刻的转变。

倾听

在一个时间资源匮乏的世界里，有人花时间倾听你的观点并做出支持性回应是会让人受宠若惊的。这是一种简单而有效的表达关心的方式。良好的倾听有两个标志。

- 开放式问题：开放式问题是指不可能用是 / 否回答的问题。通常，以"如何"或"为什么"开头的问题都是开放式问题，并且会比你问是 / 否类型的问题获得更丰富的答案（例如"你是否曾……"）。
- 解释：当团队成员发言时，总结他们所说的话通常会有所帮助。如果你的总结正确，表明你已倾听，你的团队成员将不胜感激；如果不正确，你也会及时发现误解。

通过认真倾听，你会发现自己需要了解的东西：每个团队成员的希望和恐惧，真正的风险和问题在哪里，什么新的想法可能正在冒出。

鼓励同侪互助

你不能把全世界的重担都扛在肩上，你也不能成为团队的所有助力。帮助你的团队互相帮助，创建团队成员自发相互支持的流程。例如，一个为困难家庭提供支持热线的组织，在开始和结束每个轮班时都会开交接会议。这是团队成员从消磨情绪的电话中恢复过来，或为接下来的转变做好情绪准备的机会，每个人都支持其他人。在另一个例子中，学校的所有教师每两周按部门开会一次，讨论如何提高他们的专业能力。他们分享同一个问题，共同制定解决方案。只要有一点创造力，你就可以找到同侪互助的方法。

自主权（A）

如果专业人士不希望或不需要被微观管理，有一个简单的解决方案：减少对专业人士的管理，将他们渴望的自主权赋予他们。他们

减少对专业人士的管理。

会认为这是对他们能力的信任，通常会尽最大努力回报你对他们的信任。

自主权并不意味着团队可以自由地做任何事情，或者什么都不做。相反，这只意味着他们可以在符合公司政策和规范的要求下，自由地以他们认为最好的方式实现自己的目标。这意味着，作为一名管理者，你必须学习一种新的"MBWA"管理方式。MBWA 曾经非常时髦，它被称为走动式管理（management by walking around）。它是一种帮助管理人员了解公司和团队中正在发生的事情的方法。你可能仍想尝试其中的某些操作，但今天有一个更好的 MBWA 版本：走开式管理（management by walking away）。学会信任团队能够实现他们承诺要交付的目标，但如果他们寻求帮助，请随时为他们提供帮助。

自主与问责制齐头并进。自由越多，责任越大。没有问责制的自主是无政府状态，会给作为管理者的你带来一个问题：专业人士喜欢自主，不喜欢问责制；专业人士希望被信任，而不是被评判。没有人喜欢被告知自己不够优秀。

幸运的是，你可以向团队推荐问责制。虽然专业人士不喜欢问责制，但他们更不喜欢模糊。模糊的目标会带来熬夜、返工、困惑、冲突和压力。作为管理者，你可以通过确保团队拥有他们理解的、非常明确的目标来支持他们。你的团队需要了解目标：为什么该目标很重要、该目标是为了谁以及什么是好的结果。

如果你帮助团队明确目标，并且他们也觉得目标是他们要实现的，那么团队将不胜感激。目标的明确性和达成目标的自主性也是确保团队对目标的达成负责的好方法。

如果你推行问责制，可能会遭遇反对。但如果你推动的是目标的明确性和达成目标的自主性，你就会以激励团队执行的方式推行问责制。

精通（M）

如果你缺乏今天你所在职位所需的技能，也没有为下一个职位去发展相关技能，你会发现很难被激励或表现良好。精通技能并不断成长是高绩效的重要支柱。

许多公司沉迷于学习型组织的花言巧语，并投资于员工——因为他们是公司最重要的资产。理想很丰满，现实却往往很骨感。当出现财务紧缩的第一个迹象时，培训预算通常是首先被削减的项目之一。

在实际工作中，你必须对自己的专业发展负责。以下是帮助你塑造发展道路的 3 种方法。

- 隐性知识与显性知识
- 正式培训与模式识别
- 在合适的团队中得到适合的经验

隐性知识与显性知识

在职业生涯开始时，你一般专注于学习显性知识。这些是"知识"技能，是任何职业的基础。你必须学习专业技能，无论是会计、法律、IT、金融、市场营销还是其他任何职业的。随着时间的推移和你职业生涯的发展，这些显性技能变得不那么重要了。例如，如果你经营一家大型 IT 公司，你不太可能整天都在写代码。

隐性技能变得越来越重要。隐性技能是"诀窍"技能，很难被编入教科书：你如何影响和说服人们、你如何完成工作、你如何确保你得到正确的任务、你如何激励你的团队并应对冲突和危机。

显性技能通常可以在课程中学习，例如在商学院。通常，你会从模式识别也就是关键的经验中学习隐性技能。现在让我们看看正式培训（显性技能课程）、模式识别与经验（隐性技能）的作用。

> **模式识别是学习的关键。**

正式培训与模式识别

混合工作制的出现为正式培训创造了新的机会。过去，培训经常被本地有认证课程的培训师把持，有些培训很好，也有些很糟糕。培训现在是开放的，你可以在互联网上找到世界任何地方的出色的培训师。如果你的公司不投资培训，你现在也可以免费访问来自顶尖大学的大量在线课程。针对显性技能的高质量培训从未如此容易获得：你可以在需要时搜索所需的内容，学会充分利用它。

隐性技能很少能通过正式课程习得。隐性技能归根结底是一个模式识别的过程。一旦在电影院看了 20 部动作片，你几乎可以预测一部动作片里接下来的剧情中会发生什么。管理也是如此：一旦认识到一种模式，你就知道如何应对它。

以过往来说，这种模式识别过程来自经验。这通常要花费很长时间，因为缺乏经验，很多初级管理者只能停步不前。你可以通过以下 3 种方式加速经验累积的过程。

- 积极从经验中学习，使用 WWW 和 EBI（详见本章后面的"注意思维：管理者的思维"）。

- 借助教练进行反思和学习。一个好的教练会对一些模式有经验，并提醒你注意它们。如果你没有教练，创建一个伙伴系统：每周或每月吃一次午餐，与朋友或同事分享经验。

- 使用书籍来帮助你理解你听到的谬论，并在随机的经验中创建一些模式。书籍不能告诉你所有的答案，但它们可以为你指明方向，在那里你会发现适合你的答案。

以极快的速度学习模式识别

我被要求评估戴姿的广告提案，戴姿是宝洁旗下一款受人欢迎的洗涤剂。本来我只是要评估我们广告公司的广告提案。因为广告是迄今为止我们每年对该品牌的最大投资，所以评估必不可少，但有一个小问题：我对该品牌和广告都一无所知。

我的第一个任务是坐下来了解过去 50 年该品牌的广告。其中的每一个商业镜头以及每个广告所取得的结果都可以查到。在这样一个漫长的下午结束时，我竟然能够以不可思议的准确性预测每条新广告的效果。我从来都不是广告专家。结构化学习让我能够快速掌握模式识别，这使我能够与专家明智地合作。

在合适的团队中得到适合的经验

从经验中学习意味着你必须与合适的上司一起获得正确的经验。对许多人来说，职业生涯变成了一个动词，而不是名词。它描述了他

对许多人来说，职业生涯变成了一个动词，而不是名词。

们从一种经历到另一种经历的过程，即随机地走向未来。如果遇到好的上司、好的榜样，获得好的经验，你的职业发展可能会加速。但是你有可能遇到糟糕的经历，让自己走上职业生涯的末路。

仔细考虑一下你希望在未来 5 ～ 10 年内担任什么样的职位。弄清楚这些职位需要哪些技能和经验，然后确保你能从你想要跟随的上司那里获得你需要的经验。无论人力资源负责人多么专业和友善，你都不应该把你的职业命运托付给不确定的招聘流程。HR 并不了解你的需求，而且他们也有其他需求需要满足，比如填补难以填补的职位。

在工作中，你应该知道理想的项目和上司在哪里，而噩梦般的项目和上司又在哪里。让自己对理想的上司有用。他们也许有想要探索的想法，或者需要得到帮助的项目。自愿为这样的上司工作，同时在噩梦般的上司面前保持隐形。

目标感（P）

目标驱动的组织通常以这样的形式出现：一群无比敬业的人拿着低薪在恶劣的条件下工作，比如一些非政府组织。拥有强烈的目标感可以驱动动力、提升韧性和创造绩效。但是，如果你整天坐在电脑前，你怎么会有类似的目标感呢？你的目标不太可能与公司的使命和宣言相同，很少有人早上起床时对为匿名股东增加每股收益的想法充满兴奋。

你会发现整天例行公事，比如开会、回复电子邮件和写报告，并没有什么意义。你必须超越日常工作，超越公司的使命和宣言，找到对你有意义的目标。你必须精心打造你的工作，让你的工作对你有价值。

精心打造你的工作，让你的工作对你有价值。

在工作中找到意义的最好方法是看看谁从

你的工作中受益。最终,你发现自己正在某处做一些有益于某人的事情,后面的 4 个示例将说明这一点。在阅读这些示例前,请自己思考一下是否可以在以下角色中找到意义和目的。

- 银行风险官
- 医院清洁工
- 大学发展干事
- 客户关系经理

银行风险官

　　如果你是银行的风险官,你就是银行里最不受欢迎的人之一。你花时间试图限制 97% 的同事去做一些可能让他们在今年就能变得富有的事情,而这些事情有可能在明年引发下一次全球金融危机。这是一场持续的消耗战。那么,在几十年的职业生涯中,你如何保持对这份工作的热情呢?银行风险官大卫积极地看待自己的工作:"金融危机是一场灾难,它会导致 10 年的紧缩和极端主义政治的兴起,而这一切都是因为风险管理的失败。我的工作是确保这个国家再也不必经历这种情况。"

医院清洁工

　　医院的清洁工通常会被忽略。这份工作平淡无奇。但阿迪尔喜欢当清洁工,因为他认为自己不仅做清洁,还在预防感染的第一线帮助患者生存和康复。当他工作时,他会看到一些病人很孤独、想聊天,而另一些人想独处。他会和那些想聊天的人聊天,看到他们的眼睛亮起来。护理人员赞赏他为保持患者士气所做的努力。他不认为自己只是一名清洁工,他认为自己是治疗团队的重要组成部分,他喜欢自己的工作。

大学发展干事

虽然身为大学的发展干事，在打电话时电话对面的校友不太可能狠狠地挂断电话，但是为了筹钱打电话真的是一件难事。也正因如此，学校决定让这些干事亲眼见到一些他们筹款的受益者，让他们感受到他们正在为低收入申请人的奖学金筹集资金。这样做的结果充满戏剧性：一次 30 分钟的见面讨论就足以将发展干事的工作效率提高 50%。

当干事能够将他们的工作与受益者联系起来时，他们对自己的工作更有热情，他们的热情也转移到了被他们称为校友的人身上：结果就是学校获得了更多的捐款。

以上 3 个案例具有相同的主题：个体透过日常繁杂的工作表象看到工作如何对他人和社会产生积极影响。如果这么做仍然没有作用，你还有另一种方式来塑造你的工作，让它对你个人具有意义和目的：了解你的工作如何为你提供支付日常开销以外的意义。让我们来看第 4 个案例：客户关系经理。

客户关系经理

作为一名客户关系经理，桑德拉一直苦苦挣扎于自己的工作岗位。她不确定自己是否真的喜欢销售。她和她的教练谈到了这件事，教练发现她对业余戏剧兴趣十足。于是他们一起重新塑造了她的工作，让她更多地将其视为表演，而不是销售，每次做客户演讲都是她练习表演技巧的机会。一旦她将销售视为一种表演，她就热情地接受了它。

寻找目标非常私人化，需要一些创造力。如果你只为薪酬而工作，除非你被银行业或法律领域的高薪吸引，否则很难长期保持很强的动力。但是，即使在那些领域，你也可能发现你只是被欲望绑架：赚得越多，就越想赚。

管理专业人士：管理不想被管理的人

过去的管理相对简单，上司提出想法，工人负责实施，想法和行动是分开的行为。

上司不动手，工人不动脑。后来，教育逐渐变得普遍。相比 19 世纪中叶的那些只受过基础教育的工人，21 世纪的员工，很多都是受过高等教育和技能娴熟的专业人士。

好消息是，专业人士可以达成的目标更多；但同时他们的期望也更多，不能像对待 19 世纪的工人那样对待他们。管理层不得不改变，但变化的力度还不够。命令和控制的传统仍然存在，等级制度也非常强大。专业人士反对控制，除非他们自己处于等级制度的顶端，否则对等级制度也十分厌恶。

管理专业人士需要与传统的命令和控制不同的思维方式。与其像上司一样思考，不如像合作伙伴一样思考。你们都在一个团队中，你们都有不同的角色要扮演。你必须仔细考虑你的角色是什么。许多初级管理者和管理能力较弱的管理者都在为此苦苦挣扎。对他们来说，简单的选择是逃回等级制度中：恢复命令和控制，同时亲自面对团队的最大挑战。这看起来是承担了管理职责，但在两个方面疏远了团队：团队不想被微观管理、团队不希望所有最有趣的工作都被夺走。专业人士希望通过具有挑战性的任务得到拓展、学习和成长。

专业人士希望通过具有挑战性的任务得到拓展、学习和成长。

如果你像合作伙伴一样思考，你会强迫自己思考如何为团队增加最大价值。对员工进行微观管理和自己完成最艰苦的工作都不是正确的答案。在实践中，你可能通过以下方式增加最大价值。

- 为团队确保正确的任务、资源和预算。
- 吸引和保留一支具有正确价值观、正确技能以及正确背景和经验组合的团队。
- 创造团队茁壮成长的条件（参见前面的 RAMP 模型）。
- 确保最高管理层支持团队工作，并在必要时管理政治因素。
- 在团队成员需要并寻求帮助时，为他们提供辅导和支持。
- 为团队建立富有成效的节奏和例行程序，包括沟通、报告、工作时间等。

以上这些都是以团队的合作伙伴而不是上司的身份所进行的活动。你支持你的团队，而不是控制他们。你正在做一些团队中其他成员很难完成的事情，比起那些恢复命令和控制的软弱上司，你能为团队增加更多价值。

不可避免地，金字塔型组织结构也会突出上司的重要性，尤其是在评估、薪酬和晋升方面。但是，即使是评估也可以本着合作伙伴的精神进行。年终评估应该只是确认你和团队成员全年都在讨论的内容，你们互相之间的反馈应该是连续和双向的。如果做得好，你可以要求每个团队成员准备自评——看起来应该与你写的非常相似。如果他们进行自评，他们更有可能认可这些目标并采取行动。永远像合作伙伴而不是上司一样思考。

我询问过许多专业人士，他们想从自己所在团队的领导者那里得到什么。以下是我从他们那里总结的 10 大忠告。这些忠告作为理论意义甚微，但是在现实中影响巨大。

如何管理专业人士

1. **拓展他们。**专业人士天生是不断追求成果的人。让他们超越自己，不断学习和成长。一个无所事事的专业人士会非常危险，他会变得暴躁。

2. **确定方向。**专业人士不尊重软弱的管理者，所以要确定一个方向，明确你将如何达到目标，并坚持不懈。

3. **保护团队。**把团队的主要精力集中在他们能够做出改变的地方。让他们远离政治、日常琐事和公司噪声的干扰。如果你做得好，他们会对你心存感激。

4. **支持团队。**帮助团队取得成功：保证他们拥有正确的资源、支持和目标。

5. **表示关心。**在每个团队成员身上投入时间——了解他们的需求和期望。在他们的职业旅程中帮助他们。

6. **避免"惊喜"。**不要在考核时给你的团队"惊喜"，这会让你失去所有的信任。尽早进行艰难的绩效谈话，以便他们能够尽早改进。

7. **认可他们。**专业人士自尊心都很强，满足他们的自尊心，当众表扬他们的出色工作。永远不要在公开场合贬低他们，艰难的谈话应该在私下进行。

8. **充分授权。**如果可能的话，将一切都授权给他们，不要让他们把问题反馈给你。指导他们解决这个问题——他们会从中学习，成长为更有价值的团队。

9. **设定期望值。**一些专业人士希望能够立刻获得所有回报，另一些人希望回报更多回报的。任何关于奖金和晋升的暗示都会被视为100%

的坚定承诺。因此，你在信息传递中要立场明确、前后一致。

10. 减少管理。信任你的团队。实行走开式管理。微观管理表明你缺乏信任，会在专业人士中制造怨恨。相信你的团队，他们能够应对挑战。

管理看不见的团队：组建远程和混合办公团队

疫情引发了一场工作和管理革命。在 2020 年 3 月的一个周末，居家办公从一种被公司尽量避免的做法，瞬间转变为一种标准做法。于是旧的办公室管理方式不再有效。当被迫采用混合工作制时，我们发现了 3 件事。

- 管理远程团队比管理看不见的团队更难。当整个团队远程办公时，即使是执行激励、生产力管理、沟通和目标设定等基本任务也会更难。管理者在他们所做的每一件事上都必须更有目的性，也必须更深思熟虑。管理人员的技能标准再次提高。你不能对远程团队进行微观管理。你必须相信团队能够交付：更多地授权，同时更多地关注承诺建立，而不仅仅是合规性。

- 远程工作带来了新的挑战和机遇。远程工作者更容易疏离和失去动力，也更容易在工作和家庭之间的界限崩溃时筋疲力尽。但这也是一个重新思考团队应该以何种方式工作多久的好机会。你有机会为团队重写参与规则。

- 当需要的时候，我们可以比以前想象中的更进一步、更快地改变。重新回到渐进式变化的舒适区可能很诱人，但

> **当需要的时候，我们可以比以前想象中的更进一步、更快地改变。**

是，当世界其他地方正在改变并向前冲锋时，现在的舒适区很快就会变得非常不舒服。关于工作本身，你还有其他哪些假设可以挑战和改变？

本书的其余部分将解决你作为管理者面临的技能挑战，并展示远程工作如何以及在何处改变这些挑战。本节专门讨论为团队重写参与规则的挑战和机遇。在办公室里，即使没有成文的规定，每个人也都知道什么时候应该上班，知道谁在做什么以及如何实时影响人们和决策。你可以通过观察你的上司和办公室里的同事去非正式地了解所有这些。但当你居家办公时，一切都不一样了。这意味着你必须更有意识地帮助团队发现混合工作制的新参与规则。

建立新参与规则的一个好方法是举办"方法研究工作坊"（Methods Adoption Workshop）。这是 IBM 在组建新的全球团队时使用的方法。工作坊的最终产出是一个团队章程，帮助团队了解如何正常工作。方法研究工作坊是一个花哨的会议名称（你可以随心所欲地称呼自己的会议），这个会议是讨论你和团队如何一起工作的会议。第一个问题可能是："我们的核心工作时间是什么时间？"好消息是，如果达成一致，你们都可以从朝九晚五的藩篱中解脱出来。坏消息是，如果没有达成一致，团队可能需要一直工作，从而趋于倦怠甚至崩溃。

你提出的解决方案可能是创造性的。例如，一个团队决定他们的核心工作时间是每天上午 10 点到下午 3 点。那时每个人都可以参加会议并回复电子邮件和消息。这是一个看起来稍显短暂的工作日，但这只是核心工作时间。与此同时，团队同意，他们将在早上 7 点到 8 点和晚上 8 点到 10 点从事需要高度集中精神的工作。每次会议结束时他们会回复信息。这些时间乍一看很奇怪，但对于一个需要照顾幼儿的团队来说，它们意义重大。这些时间确保团队成员在需要时可以承担家庭责任，同时不耽误工作。你的团队也许有不同的解决方案。

以下是你可能想要解决的其他一些主要问题。

沟通

- 什么时间是我们可以进行电子邮件、会议、电话沟通的时间？确定核心工作时间和团队成员可以不间断地工作的时间。
- 我们如何了解彼此的最新动态，比如每天开 YTH 会议——昨天（Yesterday）、今天（Today）、帮助（Help）会议？
- 我们将使用哪些技术平台？
- 我们将在哪里工作，何时工作？
- 会议协定：会议时长 60 分钟还是 50 分钟？如何确保每个人都做出贡献？我们可以让办公室内外的会议对半分吗？

对一些极端情况进行考查。在紧急情况下，是否可以在凌晨 3 点给某人发送电子邮件；或者如果真的是非常紧急的情况，我们可以给他打电话吗？

决策

仅决策这一部分就可以单独成为工作坊的一个主题。首先关注几个关键决策。这部分最好亲自使用活动挂图完成，团队成员可以共同为每个决策绘制所需的决策权（RACI），RACI（Responsible，Accountable，Co-operating，Informed）分别代表发起人、负责人、合作者、知情者。在远程控制会议时，请专注于团队决策的基本要素。

- 我们必须做出哪些重要 / 常规的决定，我们想要关注哪些决定？

- 谁拥有每个决策的 RACI？

- 就预想中的结果达成共识：我们将如何处理分歧等？

专业发展

- 我们如何支持新的团队成员（指导、培训、人际网络、价值观等）？

- 如何远程管理绩效？

- 如何远程管理工作负荷？

- 我们如何支持工作与生活的平衡，避免过度的压力？

行动中的价值观

　　作为一个混合办公团队，我们最想坚持的 3 个价值观是什么？选择不要超过 3 个，这样你就可以义无反顾地专注于它们。远程工作需要一些特殊的价值观和态度。例如，当你在偏远地区时，误解和沟通不畅更容易发生，所以你可能需要一个能处理这个问题的价值观，比如尊重、宽容或与专业相关。

　　你可以通过设计会议来满足团队的需求。在第一次会议中，你会发现你无法问出所有正确的问题，这是不可避免的。你可能也没有得到所有的正确答案，但不用担心，你并不是在设计你未来的完美团队，而是正走在探索它的路上。在办公室工作时，这个探索的过程是临时和非正式的；但在远程工作时，你必须构建流程。假定你不会在一次会议中完成自己的探索之旅，你可以安排后续会议，以便提出更多相关问题，并审查和修改对先前问题的回答。

　　这个过程不仅是发现理性问题的理性答案的理性过程，也是一个感性过程。在这个过程中，你获得了对新参与规则的集体承诺。因为这些规则是由团队共创而不是由你强加的，所以你的团队很可能努力使它们生效。

说服：如何推销

管理者需要在矩阵组织的扁平化结构中影响人们：管理者不再拥有告诉人们该做什么的权力，所以他们需要说服人们达成目标。管理者实际上是销售人员，即使他们不向客户销售产品和服务，也需要向其他部门推销想法、优先事项、变更方案和解决方案。

管理者实际上是销售人员。

说服的原则

你可以从以下 4 个维度说服别人（见图 3.3）。人们希望逃避恐惧，找到一些目标（需求或希望），但同时需要面对风险和懒惰这两个障碍。一个善于说服他人的人知道如何应用这 4 个维度。

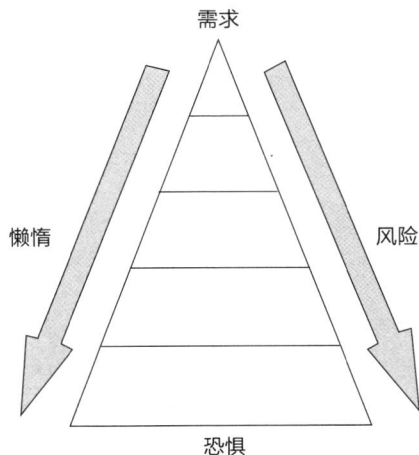

图 3.3　马斯洛模型的精简图

需求

需求与马斯洛模型所喻示的成长需求相对应：每个人都想要某种东西，当得到满足时，他们又想要更多东西。首先，人们可能想要金钱。但金钱不是唯一需求，人们还有其他的需求——人们喜欢得到认可。认可的方式可能很简单，比如在公共场合对工作成绩进行表扬，也可以是雄心勃勃的商人通过形象工程和捐款寻求政治认可和公众荣誉。有效的管理者需要找出员工想要什么，归根结底，人们都受制于自己的需求。

> **归根结底，人们都受制于自己的需求。**

在日常管理实践中，需求可以转化为同事日常的计划。他们有工作目标和任务期限的要求，想要拥有美丽的外表和成功的事业。无论你的想法有多英明，如果它不能帮助你的同事实现他们的计划，他们就不会认真实践。你的想法对你来说可能很棒，但对他们来说只意味着更多的工作。

恐惧

在许多情况下，恐惧的原理很简单："如果你不这样做，后果将是……"在第一次提到监管、法律、健康和安全问题时，许多管理者就放弃了：不值得冒险导致这些事情出问题。管理者甚至回避失败成本非常高的已隔离风险。IT 顾问也使用恐惧策略："如果你不实施我们非常昂贵的项目，那么你所有的关键任务项目都处于危险之中。"许多高级管理者缺乏专业技能或不愿意对这种利用恐惧的推销进行反驳。

恐惧也是相对的。削减成本计划通常会增加恐惧，而不是减少恐惧。这是削减成本会受到公开或暗中抵制的原因之一。为了让大家支持削减成本计划，高级管理者经常大打恐惧牌：如果我们现在不削减成本会发生什么。"如果我们现在不削减成本，我们可能随着公司破产而失去工作。一些人失业总比所有人都失业好。"

懒惰

我们想做很多事情，但生活很忙碌。我们可能想学习西班牙语、想健身、想画画并参与社区活动。但这些事情需要付出精力，与此同时，我们有账单要付，可能还要喂狗、修车。在工作中，你有你的宏愿，但其他人也有其他问题需要处理：预算、会议、截止日期和危机。你的想法是繁忙日程中的一个项目，同事们可能喜欢你的想法，但这不足以延后他们的优先事项来帮助你实现你的想法。

你必须让人们更容易接受你的想法，要让他们看到你的想法可以帮助他们实现自己的目标；相反，如果反对你的想法就会浪费他们大量的时间，并让他们错失良机。让他们无法拒绝。

> **你必须让人们更容易接受你的想法。**

风险

风险是导致很多想法之船覆没的冰山，它往往难以察觉也鲜被提及。大多数人天生厌恶风险。任何新想法都不可避免地会带来各种风险：它可能无法实现；它可能从其他事情上转移资源；它可能产生意想不到的后果；它可能导致权力结构发生变化。想一想当任何新想法被提出时会发生什么情况（除非这个想法来自上司）：无论在什么会议上，人们都会立即开始提出各种问题，例如"你有没有想过这个或那个……"，这些问题会带来以下效果。

- 表明提问者正在倾听并且很聪明，因为他可以快速识别问题。
- 扼杀这个想法，因为每个人都能看到它的风险有多大。

- 扼杀创新观念，因为现在每个人都意识到，新的想法会招来大家的质疑。

如果人们能够聚焦于新的想法所带来的好处和机会，再关注所有的风险和问题，而不是打着提问的幌子一味地关注风险和问题，就能避免徒劳的结局。

风险主要有 3 种类型。

1. **理性风险**：对业务有何影响？鼓励人们公开讨论这个问题，因为商业注定要理性。

2. **政治风险**：对我的团队有何影响？团队会因为这个想法而失去或获得资源、优先事项和影响力吗？

3. **情感风险**：对我有何影响？我是否必须更加努力地工作，是否会被边缘化，是否必须与新上司一起工作或学习新技能？人们永远不会在公共场合提出这些风险。相反，他们将从理性和业务方面更有说服力地提出异议，而这是对他们个人和情感异议的掩盖。

知道自己面临什么样的风险类型是十分必要的。对于明显的逻辑问题，许多争论会愈演愈烈。当这种情况发生时，双方都开始"挖坑"，用逻辑来捍卫政治和情感立场。最好的解决方案是停止"挖坑"，停止讨论，私下找一些时间提出和处理真正的问题。

与懒惰一样，风险平衡值得被打破。像恐惧一样，风险是相对的。如果可能的话，表明什么都不做的风险比按照你的提议做的风险大得多。风险规避是让大家能够服从你意见的有

像恐惧一样，风险是相对的。

效方法。保险的销售就完全基于规避风险的理念。

影响他人

1. **建立融洽的关系。** 寻找共同点、共同的兴趣、共同的经历。

2. **协调计划。** 了解他人的世界观、需求、希望和恐惧。把你的计划融入他人的计划，而不是以你的计划为中心，盲目地把它强加给他人。

3. **倾听。** 你听得越多，就越了解，人们就越放松。聪明的问题比聪明的想法更有效。

4. **赞美。** 赞美再多也不为过。没有人认为自己职位太高、名声太大或薪水太高，如果你认可他人的天分、勤奋和人格，他们会敬畏于你超群的判断力，并会回报你。

5. **逐步建立承诺。** 不要一下子要求所有的事情，那会吓到别人。请别人逐步参与，建立承诺与忠诚。

6. **建立信任和信誉。** 始终信守承诺。

7. **管理风险。** 人们厌恶风险。消除所感知的风险和个人风险，让别人知道你值得信任，你能够信守承诺。

8. **投其所好。** 给予别人想要而你能够给予的东西，让他们为之奋斗。人们更珍惜通过努力奋斗获得而不是别人拱手相送的东西。

9. **互惠互利。** 合理回报。不要一味付出而不要求回报，这样别人会产生误解。

10. **角色扮演。** 坚守伙伴原则。要作为平等的伙伴与别人相处，不要恳求别人，你需要的是成年人之间的对话，而不是成年人与小孩之间的对话。

说服的过程

我用说服的过程在伯明翰卖过尿布，说服过他人成立一家银行，并让不同组织和国家的人接受了无数的建议。这个过程包括逻辑和情感过程，旨在让他人更容易赞成，更难拒绝。这个过程不是我原创的，它是基于宝洁公司给销售人员制定的销售规则归纳而成的。

这个过程可以缩写为一个英文单词 PASSION（热情），每个字母的含义如下。

- P（Preparation）：准备
- A（Alignment）：结盟
- S（Situation）：情境
- S（Size the price）：估计回报
- I（Idea）：想法
- O（Overcome objections）：应对反对意见
- N（Next step）：下一步

PASSION 原则就像一连串红绿灯，在每一步的灯变绿前不要进行下一步，否则对话容易中断。这个框架非常简单，能让你结合自己喜欢的风格工作。它不像呼叫中心接线员的应答模板一样必须被严格执行。

准备

准备过程要问一些基本的问题。

- 我的想法对对方有什么好处？
- 从对方的角度看，有哪些风险？
- 怎样才能让对方容易与我达成一致？

- 对方的工作方式是什么，我怎样才能和谐地与他们相处？
- 何时接近对方最佳？
- 我是否准备好了所有材料来与对方进行讨论？
- 我是否清楚会议的组织工作：在哪里开会、何时开会以及如何到达会议现场？

这些都是显而易见的问题，但很少有人问到。当团队成员请教你如何策划一场会议来说服别人时，问这些问题就显得很聪明。尽管这些问题很浅显，但是并不容易回答。很多问题都关乎别人的希望、恐惧、需求和愿望。如果不了解这些，你就不知道要推销什么。

结盟

结盟分为私人和工作两个层面的事。从私人层面来说，我们希望能信任并喜欢我们正在与之打交道的人。从工作层面来说，与支持我们的计划并共享我们的目标的人一起工作要容易得多。

销售人员之间有一个心照不宣的秘密：在你推销你的想法前，你必须推销自己。你只有得到信任，才会让别人接受你的推销。你还需要确定对方有没有兴趣听，如果他们家里正在着火，他们就不可能想听你的想法。

如果你们已经互相了解，结盟的过程在转瞬之间就能完成，在这种情况下，结盟在以下情形中就能实现。

- 会议的时间很合适。
- 会议围绕核心主题。
- 你已经与对方建立一定的信任和融洽的关系。
- 你证明自己了解对方的需求和目标。

这样的社交只需要几个问题或几句话就可以开始，举例如下。

- "谢谢你抽空来见我。现在时间方便吗？"
- "你还是和以前一样忙。"（引导对方倾诉自己的问题，如果他们太忙，你马上就可以获悉）。
- "我来征求你关于……的意见。"你现在已经锚定谈话，你不是来推销的，你在寻求建议和帮助。

如果是第一次见面，结盟将需要更长的时间。你需要时间来建立一定的信任和融洽的关系。你可以通过寻找共同的兴趣、共同的熟人或共同的专业背景来实现这一点。这种社交聊天的目的是通过寻找共同的经验、价值观和观点建立基本的信任。即使是参加虚拟会议，你也可以通过规划视频背景来发现一些共同的兴趣。使用你的视频背景来显示个人兴趣。这显示了你个性化的一面，并引导对方询问你精心挑选并放在背景中的图片、书籍或工艺品。更好的是，如果你对对方有所了解，那就展示一些你知道他们会感兴趣的东西。当你透露一些关于你自己的事情时，对方也会以一些自我展示来回应。虽然效果远不如见面，但即使是通过远程交流，双方也可以建立融洽的关系。

工作上的结盟表明你理解对方的目标和计划，并且支持他们。这很难做到，人们常犯的最致命的错误是爱上自己的想法。当一个人这样做时，他往往会喋喋不休地谈论自己的绝

最致命的错误是爱上自己的想法。

妙想法，这个想法可能与其他人有关，也可能毫无关系。你必须站在对方的立场看世界：你的想法将如何帮助他们，以及它会给他们造成什么样的威胁？

有时，你会提前知道你的想法是如何与另一个人的需求相吻合的。但通常，问题比陈述更有用。让对方谈谈他们的需求、目标、挑战和风险。当谈起一切时，他们会给出你所需要的全部信息，和你就问题或机遇达成一致意见，使对话进入下一阶段。

情境：就问题和机遇达成一致意见

情境是决定说服的过程成败的关键。如果你不知道问题在哪里，就无法找到正确的解决方案。与考试一样，你很有必要知道正确的问题是什么。典型的错误是认为你的问题或机遇也是对方想要应对的问题或机遇。实际上，他

> **如果你不知道问题在哪里，就无法找到正确的解决方案。**

们有自己的烦恼。对他们来说，购买狗粮可能比处理你的问题更重要。良好的影响力不是从你的想法开始的，而是从对方想要什么开始的。你可以随心所欲地吹嘘自己的想法有多么英明、多么重要，但如果你不了解对方，这无异于对牛弹琴。所以，如果你想很好地施加影响，就从倾听而不是说教开始。

明确在推销什么：产品还是解决方案

历史上有很多以失败告终的绝妙想法。英国科研人员克莱夫·辛克莱（Clive Sinclair）发明了一款名为 C5 的交通工具。这是一款纯电动汽车，本来可以为城市交通带来革命性的变化，但是大家都对这项发明嗤之以鼻，因为它看起来像甲虫一样，个头矮、底盘低，必须在车尾插上旗子才能引起其他车辆的注意。这款车只能搭载一名乘客，驾驶室完全暴露，续航里程也十分有限，虽然技术领先但是无法满足消费者的需求，于是它很快就从市场上消失，投资者的资金也打了水漂。

就问题达成一致意见的目的是获取对方的注意力，让对方正视问题。

- 理性上：整个组织面临巨大的挑战，我们有数据可以证明这一点。
- 情感上：我可以帮助你完成你的计划，并应对挑战。
- 政治上：我们必须为我们共同的上司解决这个问题。

为了使问题引人注目，你必须证明它的重要性、紧迫性，以及请对方解决问题的必要性。你可能喜欢自己的想法，但这就是你会出错的地方。人们总是非常热爱自己的想法，以至于无视别人的问题和需求，只想表达自己的想法。你必须在对方的眼中看到你的想法，如果你的想法与他们无关，你将一败涂地。你必须了解自己的想法如何与他人相关，并塑造自己的想法，以便他人看到你的想法对他们和对你都很重要。

在就困难的性质达成一致前，不要尝试提出解决方案。邀请对方谈论困难，倾听并理解他们的观点。倾听的时候，你可以思考如何推销你的想法，保证它的角度正确，避免引起对方不快而拒绝参与讨论。

你不仅需要确定问题是什么，还需要确定谁将面临这些问题。如果你正在帮助对方解决一个他们将面对的困难，而不是解决你自己的问题，那你更有可能受到欢迎。

估计回报

在商业领域，最引人注目的商业案例是与财务相关的案例。你很难反驳一个看起来可信且吸引人的商业案例："现在投资 1000 英镑，明天将节省 2000 英镑。"关键问题在于是否有人相信这一说法。你的论断必须有可信度，要想做到这一点，可以将严密的分析和更具说服力的第三方检验结合起来：财务部门审核财务数据，市场部门检验客户和市场假设，运营和 IT 部门也可以进行相关验证。邀请技术专家支持你的论断，借助他们的权威性支持你的论断。

并非所有收益都是财务上的收益。非财务收益可以是量化的（"我们明年将招聘更多的顶尖院校毕业生"），也可以是定性的（"这能提高士气"）。

在这时，你仍然不应该提到你的想法或解决方案。一旦对方同意了问题的存在和解决问题的好处，那么唯一的讨论就是"我们如何做到"，然后他们才准备好听你的想法。他们即使不喜欢你的想法，现在也会考虑它，甚至帮助你找到从问题到解决方案的路径。

想法

简单阐述你的想法，要注意简短一些。告诉大家你不需要他们做所有的事情，你只是需要在某个关键领域获得有限的支持，然后快速进入下一步。

如果你在第一步到第四步中认真倾听，你就能用对方的语言来构建你的想法，也能让对方明白你的想法对他们有益。当你确信你理解对方的想法，并与他们达成共识时，你再去提出你的想法。

应对反对意见

如果你的准备工作做得很好，并且在讨论原始问题时听取了对方的意见，应对反对意见就很容易：你应该确切地知道对方的担忧是什么。不要回避这些反对意见，以此为契机让自己出彩。如果你现在说"我认为这种方法有 3 个真正的问题"，而这些问题与对方息息相关，那么他们会立即和你站在一边。他们不再需要用反对意见来挑战你，因为你正在邀请他们与你一起解决问题。讨论的性质已经完全改变。你已经把你的角色从一个讨厌的推销员变成一个公正和值得信赖的合作伙伴。

如果这时反对意见开始出现，不要一一反驳，避免陷入公司内部更激烈的堑壕战。回到第三步，确保双方就问题达成共识，并就解决问题的好处达成一致。你需要营造一种解决问题的氛围，而不是制造问题的氛围。

下一步

大多数人没有特异能力，他们不知道你究竟想要什么。你必须问他们，他们也希望你问，否则会议就毫无意义。但这正是许多高管失败的地方。他们太谦卑了，不敢向对方提出下一步要求。有4种简单的方式可以提出下一步要求，而且对方很难拒绝。

1. 直接式："我们可以购买特殊小部件吗？"
2. 选择式："我们应该一次性购买还是分批次购买？"
3. 假设式："所以，我们同意购买10万个黄色小部件。"
4. 行动式："我来起草订单并发送给你。"

直接式的效果最弱，因为人们可以直接说"不"，最聪明且通常最有效的方式是选择式，你根本没有给对方拒绝的机会，你只是让对方选择订购的方式。假设式是一种强有力的方式，使用这种方式说话并表达不同意见的人必须拥有权力，在公开的会议上尤其如此。

通常来说，在这个阶段你的准备至关重要。在会议过程中，你可能发现A计划不可行，如果准备足够充分，你应该有B计划甚至C计划。这样你就能继续推进会议，而不是钻进死胡同。

PASSION 原则小结

● P（准备）：明确你想要什么、如何才能激励对方。
● A（结盟）：建立信任，寻找共同语言，确定对方已经做好对话的准备。

- S（情境）：确保双方就困难、机遇和问题达成一致。
- S（估计回报）：就解决问题的好处达成一致。
- I（想法）：从对方的角度提出你的想法。
- O（应对反对意见）：不要驳斥反对意见，表示认同并携手解决问题。
- N（下一步）：明确下一步会发生什么，准备好后备计划。

说服：两个秘诀

倾听秘诀

所有伟大的说服者和销售人员都有一个共同的特点：他们善用两只耳朵和慎用一张嘴。如果你也一样，那么你离善于说服别人只有一半的距离了。

优秀的领导者不仅有两只耳朵和一张嘴，还按这个比例倾听和表达。说服不是关于推销和讲述的，而是关于倾听的艺术。如果你听的比你说的多，你就可能成功。

如果你听的比你说的多，你就可能成功。

合作伙伴秘诀

上司或客户习惯于充当评判者：他们评判你摆在他们面前的所有想法。这对你们双方来说不是一种建设性关系。通常，原告提起诉讼时会用大量幻灯片和备忘录来打动法官。然后，法官从其中挑选几个漏洞，并决定支持或反对原告。

一个更好的方法是把上司或客户变成合作伙伴和教练。让他们看到你是来帮助他们解决问题或把握机会的，而不仅是为了推进自己的计划。扔掉幻灯片，频繁使用幻灯片是初级员工和销售人员的标志。同事们不会通过一叠幻灯片交谈——他们边喝咖啡边交谈。你有没有见过总统和首相在峰会上用幻灯片互相交谈？一旦抛开幻灯片，你可以做到以下几点。

- 避免被幻灯片的逻辑束缚。
- 能灵活回应同事的想法。
- 创造像同事一样倾听和讨论的机会，而不是像原告一样陈述。
- 被迫紧密围绕你想讨论的话题，进行逻辑和情感上的准备。
- 避免陷入关于细节和数据的争论。

不用担心数据。在脑海中存放一些撒手锏，你可以提出稍后给出详细信息。

如果你真的善于倾听，你可以让对方相信你的想法一直都是他们自己的。对于对方的意见，强调有用的部分，忽略无用的部分。如果没有必要，请不要争论，尽可能建立共识。当你们有足够的共识时，你就要对他们所说的内容进行总结，感谢他们提出的真知灼见。当你的想法变成他们自己的想法时，你便取得了成功，没有人会反对自己的想法。

辅导：无须更多培训

大多数球类运动都有球员和教练。球员上场比赛，教练执教，但很少有教练上场比赛或球员执教。二者之间存在巨大的鸿沟。最好的球员很少成为最出色的教练，最好的教练往往也不是最出色的球员。

在管理中，角色划分并非如此泾渭分明，不幸的后果也因此产生。得到晋升的优秀"运动员"（IT 专家、销售人员或交易员）会本能地继续"参赛"。比赛是让他们晋升的原因，改变一个让他们获胜的公式似乎没有什么意义。但是，只有条件保持不变，这种公式才能奏效。晋升改变了一切。

刚得到晋升、成为教练的优秀球员自然希望承担所有最具挑战性的任务，而这恰恰是错误的做法。教练的任务不是为球队完成所有的传球和得分，而是帮助球队实现这些目标、发挥每个人的最大潜能、有效地组织球队。教练越是努力成为最好的球员，球队中的其他球员就越有依赖心理，他们依赖教练完成所有事情。教练认为这说明球队很弱，所以他要更加努力地弥补球队的弱点。教练越来越努力，球队表现越来越糟糕，依赖心理也越来越强。最终，矛盾爆发，教练被解雇或筋疲力尽地放弃。

对新晋升的管理者来说，最难学的一课是从"选手"到"教练"的转变。辅导很重要，原因如下。

- 帮助团队成员发展他们的才能。
- 减轻你和团队成员的负担。
- 使你能专注于正确的活动，而不是四处救火。

辅导和说服一样，是倾听和提问的艺术。这说起来容易，做起来难。当团队成员来找你寻求建议时，你的本能反应是给他们答案。一旦这样做了，你就又变回一名"选手"，让团队成员除了学会更加依赖你什么也没学到。在短期内，给出答案可能很快，但这会让团队依赖你，消耗你所有的时间和精力。如果你帮助成员自己寻找答案，你或许会发现他们的答案比你最初想到的答案更好。至少，他们对自己创建的解决方案比你强加给他们的解决方案更投入。

有许多可用的辅导模型。从本质上讲，它们都可以被归结为大致相同的5步。出于押头韵的目的，我们将这5步排列成5个"O"。

1. 目标（Objectives）

2. 概述（Overview）

3. 选择（Options）

4. 障碍（Obstacles）

5. 结果（Outcome）

在每个阶段，明确正确的问题比找到正确的答案更重要。辅导带来了不同的视角，这与培训的本质不同。在培训中，培训师指导人们如何做某件事；辅导不会告诉人们该怎么做，而是帮助人们发现最适合他们的方式。培训师告知，教练提问。培训师有一套他们强制执行的固定方法，教练则可以从不同的角度看待事物。大多数管理者默认墨守成规："按照我的方式做。"这在短期内是安全的，但它无法帮助每个团队成员充分发挥潜力。

目标

第一步是理解我们正在解决的问题，这与前面概述的说服过程模型的逻辑相同。

● 你今天想关注什么、实现什么、回顾什么？

概述

第二步是在形成观点或做出判断前收集所有事实。你需要使用一些温和的探索方式，鼓励讨论视角不同的观点。不要被束缚在被辅导对象的世界中，你必须帮助他们看到更广阔的视角。

● 为什么这对你很重要？

● 目前的情况如何？

- 其他人如何看待这一点？

- 你怎么知道他们是这样看待的？

- 这样做的潜在结果是什么，是好是坏？

在辅导团队成员如何与难相处的同事打交道时，视角不同这一点尤其重要，也是一个非常常见的话题。你的团队成员会给你编一个故事，在这个故事中，他是 100% 的好人，而难相处的同事是反派。现实生活很少这样非黑即白。鼓励你的团队成员站在对方的立场看待整个事件，通常会出现完全不同的叙事。不同的叙事将不可避免地推动不同解决方案的出现。

你应该在对话阶段多多投入。除非正确理解情况，否则你无法发现正确的解决方案。要抵制进入下一阶段（选择）的诱惑，直到你充分且正确地理解了所有情况。这就像说服性的对话：在你找到对方所看到的问题前，你无法找到解决方案。

选择

第三步是选择，这时你要让被辅导对象承担责任并掌控全局。即使你认为你有解决方案，也不要给他们。他们更珍惜自己发现的解决方案，也就是说，会更坚定地实行。鼓励他们想出多种选择，在非常困难的情况下，他们可能没有多少可以掌控的东西，那就敦促他们找到一些他们可以掌控的东西：人们对命运的掌控感越强，就越不容易焦虑。然后让他们评估自己的选择。

> **他们更珍惜自己发现的解决方案。**

- 你有哪些选择？

- 你能控制或影响什么？

- 在你之前有人遇到过这样的事情吗？他们是怎么处理的？
- 你如何评估每种选择的收益、风险和后果？

当评估每个选择时，被辅导对象会自然而然地倾向于一个解决方案。如果你对此有疑问，请支持他们的解决方案而不是你的解决方案。如果你希望他们全情投入，他们将致力于实现自己的想法。如果你把你的解决方案强加给他们，他们将致力于证明它不奏效。

障碍

第四步是障碍，这是你的实践检查阶段。问几个简单的问题。

- 有什么会阻碍你这样做？
- 你需要什么支持？
- 你发现了哪些障碍？

如果不问这些问题，你就是在冒险：一旦事情变得棘手，团队成员们就可能放弃。但是，如果你们都预测到了挑战，你们将更好地为它们做准备，能够继续前进。

结果

第五步是确认共识。这里最大的风险是，你们都感到快乐和自信，但对接下来发生的事情有不同的理解。不要问他们是否理解：含糊不清的"是"通常意味着"没有真的理解"。确认共识的最好方法是询问他们接下来会发生什么。他们应该说出你所预计的事情，如果不是，你就能尽早发现分歧，避免灾难发生。

到现在为止，你可能已经发现辅导和说服有很多的共同点。

- 倾听比表达更重要。
- 问题至少与答案一样重要。
- 在回答问题前先理解问题。

这些似乎是显而易见的原则。之所以罗列在此，是因为很少有管理者始终如一地遵循这些原则。贯彻这些原则，你就能脱颖而出。

授权：事半功倍

许多管理者发现授权很难。常见的理由包括以下几点。

- 任务太重要了，不能授权。
- 任务太紧急了，我需要亲力亲为。
- 团队还不够强大，团队成员还没有准备好。
- 只有我具备相关技能。
- 团队已经有太多事情要做。
- 我冒不起让团队搞砸这件事的风险。

所有这些借口都被归结为对团队缺乏信任以及对自己独特技能的夸大。这些都会导致管理者工作负荷过大，团队对管理者过度依赖。只有授权和信任团队，团队才能成长。

授权与辅导是相辅相成的，它们都用于帮助管理者完成管理的核心任务：通过管理他人实现目标。授权过程很简单。

明确授权内容

在实践中，很少有工作不能授权。评估、晋升、纪律处分、资源分配和团队组建都是管理者的职责，这些以外的工作都可以授权。许多管理者在授权时都基于相反的假设，他们把授权当作例外，而不是当作规则。你应该增加你授权的内容，不仅包括相当常规的管理和维护活动，还要结合一些更有拓展性和趣味性的工作。

了解你的团队

仔细考虑每位团队成员最适合哪些任务。要平衡他们当前的能力与通过完成任务来学习和成长的能力。如果他们已经做好 60% 的准备，就相信他们。看到他们在对你来说很容易的事情上挣扎，固然让你大伤脑筋，但这是他们学习的最佳方式。一旦学会了，他们就会成为你团队中更有效率和价值的成员。要平衡整个团队的工作量。鉴于管理工作的模糊性，你很难提前估计工作量。在实践中，要知道团队中哪些成员消极怠工，哪些成员勤勤恳恳、任劳任怨。

设定明确目标

在向团队成员介绍情况时，需要从以下 4 个方面做到清晰明确。

1. 预期结果。

2. 必须给出结果的期限。

3. 设定目标背后的原因。

4. 近期目标，保证一切正常运转。

如果团队了解你为何提出要求，他们将更好地应对出现的问题和挑战，而不必回头来问你。

对过程进行讨论

目标要清晰，手段要灵活。

这就要围绕几个关键主题进行谈判。

> **目标要清晰，手段要灵活。**

- 团队将获得多少资源（人员、技能、预算）？
- 团队将拥有多大的决策权？
- 需要多久汇报一次？
- 最佳途径是什么？
- 还有谁需要参与？
- 管理者如何在消除障碍并处理政治问题的过程中提供帮助？

回答这些问题，不可能一蹴而就。此步骤的目标之一是让团队为成功做好准备。同样，讨论让团队对过程有一种主人翁感。团队甚至可能想出一种非常聪明的、超出你想象的方法来完成任务。

这里的一个巨大陷阱是模糊性。如果一个团队成员说"我希望……我将尝试……我会调查的……"，这样的承诺就十分模糊且毫无意义，难免引起误会。要明确谁在什么时候做什么。不要问团队成员是否理解，因为即使不理解，他们也会说"是"。让他们总结谁将在何时做什么，这样就会迅速消除误解，以免出现问题，为时已晚。

后续跟进

管理者授权，但从不放弃责任。你仍然对最终结果负责。后续跟进有 3

个关键要素。

1. 在必要的时候提供指导。

2. 按照任务开始时和团队商定的日程，开展正式和非正式的进度检查。

3. 在团队完成任务时，认可团队的贡献和成功。

一些管理者试图在团队经过努力成功完成任务时抢走风头。这种行为会降低团队士气，对管理者有害无利。如果一个管理者能证明他可以建立和管理一支伟大的团队，而不是假装一个人唱独角戏，完成所有艰难的工作，那么管理者给上级留下的印象也会更好。

如何授权：谁、什么、如何、何时、为什么

1. 非常清楚期望的结果（什么）。明确总体目标和完成情况是什么样的，详细指出你想要什么。询问团队成员他们认为你向他们提出了什么来确认理解是否准确。

2. 尝试授权一切（什么）。明确你如何增加自己角色的价值——建设和支持你的团队，也许自己承担一两个项目，其他项目都应该授权。

3. 授权有趣和具有挑战性的工作（什么）。拓展你的团队成员并让他们有所发展，相信他们会成长和顺利交付成果。不要只授权常规且烦琐的任务，也不要把有趣的东西占为己有。

4. 永远不要推卸责任或责备（什么）。你对团队的结果负责，如果出错了，保护你的团队免受指责，并从错误中吸取教训。授权你的团队，并支持他们。

5. 授权给合适的人（谁）。你可以横向授权给你的同事，或请求上级的帮助。不要成为孤胆英雄，领导是一项团队活动，因此请在正确的

时间从正确的人那里获得正确的帮助。

6. 注意过载和推卸（谁）。寻找压力的迹象，如烦躁、生病、失误和错误、疲倦。寻找推卸的迹象，如准备抽身和转移工作负荷，将出现这种迹象的人从你的团队中清除。

7. 明确截止日期、里程碑和汇报（何时）。不要过度监控，这表明你对团队缺乏信任。尝试走开式管理。但是，在明确的日期前确保有明确的可交付成果，这样就可以避免不愉快的意外，并尽早采取纠正措施。

8. 灵活选择手段（如何）。不要指定如何完成工作，而是让团队决定。他们甚至可能想出比你想象中更好的方法。

9. 授权和支持你的团队（如何）。建立团队以获得成功，确保他们拥有所需的一切，不让他们有以后找借口的机会。核对并询问他们想要什么以及他们预计有何障碍。

10. 明确为什么目标具有相关性（为什么）。解释背景，以便团队了解什么是重要的以及他们应该关注的地方。明确目标是重要的、有价值的，以便他们充分参与。

授权的反面案例

大卫是非常糟糕的管理者，但他由衷地认为自己非常擅长授权。他授权的事项很多，实际上他授权的都是毫无意义的、任何人都可以胜任的日常琐事，以及一些吃力不讨好的工作。要么授权时机太晚，要么事情本身已经无药可救，接手此事的人必定惨遭失败。实际上，这种授权是在转嫁责任，他深谙此道。

在授权时，他对自己的要求闪烁其词，当团队成员未能正确领会他的意思，未能达到他的期待时，他就大发雷霆。因为他的要求很模糊，所以他总是改变主意，导致团队不停地加班，不断地返工，极具挫败感。

由于他从不信任他的团队，所以要求团队不断地报告工作进展，报告进展的时间甚至超过工作的时间。信任的缺失对团队成员的精神伤害很大，耗尽了整个团队的时间。

如果他的管理偶尔取得了成绩，大卫就一定会四处宣扬，把功劳据为己有。如果工作遭遇了挫折，他便毫不犹豫地归咎于团队。最终，所有有能力的人都另谋高就，找到了新上司、部门或其他公司。只有能力最弱的人留了下来。于是他更加不信任团队以及不愿意授权给任何人。这就形成一种恶性循环。直到大卫最终离开公司，这个循环才被打破。

应对冲突：从恐惧到倾听

冲突是大多数组织的自然状态。最激烈的冲突并不发生在相互竞争的组织之间。对大多数管理者来说，日常工作中的冲突不易察觉：人力资源负责人、IT 和运营人员过于专注于应对眼前的职能挑战，而无暇担心市场竞争。真正的竞争并不来自外部，而是内部。对大多数管理者来说，他们会认为，最大的威胁不是竞争对手的组织：最大的竞争对手坐在附近的办公桌前。外部竞争对手不会阻碍你的计划、削减你的预算或抢夺你想要的晋升机会，但你的同事会。

在一个运行良好的组织中，这种冲突是健康的。冲突是决定组织中资源分配和优先事项的一种方式。管理的时间、金钱、资源和技能是有限的，潜

在的晋升机会、奖金和加薪也是有限的，每个部门、职能和业务单位对如何
分配有限的资源有不同的意见。因此，组织内部管理者之间不可避免地会出
现竞争和冲突。

这种冲突可能是富有成效的。它迫使管理者表明他们有利用组织内有限
资源的最佳方式。偶尔，这种冲突会造成组织功能障碍，主要表现为两种情
况："冷战"和"热战"。

"冷战"基本上是"政治"斗争，是管理领域的基本现实；"热战"则表
现为情绪方面的瞬间爆发，往往是情绪化的。这两种情况都很尴尬，都会威
胁管理者在组织中的生存，一旦处理不当，你在组织内的形象就会受损。

原则一：慎战

在大约 2500 年前，中国哲学家孙子写下了《孙子兵法》一书，该书的
精髓就是明确何时出战，他提出了 3 条出战的原则。

1. 非利不动。公司里的大多数"战争"都是因小事而起的。要节省
   "弹药"、爱惜个人名誉，以应对"大战"。对于小事，很容易做出取
   舍——在一方面做出让步，在其他方面得到补偿。

2. 非得不用。华尔街有句名言"如果你不知道谁是失败者，你就是失
   败者"。你最不想要的就是一场势均力敌、中规中矩的"战斗"，你
   想要的是一场你注定可以赢的"战斗"。这不是要看谁最有道理，而
   是要让你所有的盟友事先做好准备。

3. 非危不战。对手对你的职业生涯不利。找到一种方法，将他人纳入
   你的计划，使你们彼此的目标保持一致，比如通过中间人进行协调，
   与对手就利益、时间、优先事项或资源进行交易。用德国军事理论

家克劳塞维茨（Clausewitz）的话来说，"外交是内政的延伸"。借助外交可以兵不血刃地实现目标。

原则二：从恐惧到倾听

人类的直觉会胜过理性，面对压力和冲突尤其如此。在面对巨大的恐惧时，对危险的本能反应是逃跑或战斗。在组织的背景下，这些本能都非常无益。在挑战的迹象出现时，逃跑或与 CEO 抗争都可能给你的职业生涯造成伤害。我们必须想方设法控制自己的情绪。

恐惧的本能反应可以概括为以下几点。

- 疯狂反击。
- 情绪失控。
- 莫名争执。
- 失去理性。

就像逃跑和战斗一样，恐惧反应也毫无益处，甚至可能导致你被上司开除。克服恐惧反应的第一步是认识到它的存在。一旦认识到它，我们就可以开始控制它。在培训课程中，

克服恐惧反应的第一步是认识到它的存在。

我们询问管理者如何克服恐惧反应，并总结了一些更原始的应对个人压力的技巧。

- 成为"墙上的苍蝇"[①]：观察自己，从观察者的角度决定最佳行动方案。

---

① 墙上的苍蝇（fly on the wall），指暗中观察全局者。

- 想象你最钦佩的人在这种情况下会怎么做，并尝试模仿他。

- 想象对方是从婴儿车里往外扔玩具的婴儿：你很难对一个正在发脾气的婴儿生气。

- 想象对方穿着芭蕾舞裙：你很难对一个穿着芭蕾舞裙的 50 岁中年人生气。

- 专注于呼吸：深呼吸，慢慢呼吸，重新控制身体和情绪。

- 在回复前数到十：给自己思考的时间，避免激化讨论，让对方自顾自地发脾气。

- 去你喜欢的地方：每个人的脑海中都有一个安全的地方。去那里，盘点一下问题，然后继续处理。

所有这些技巧都有助于实现 3 个基本目标。

1. 重新控制自己。

2. 争取时间思考。

3. 自动平息风暴。

愤怒的情绪很难维持超过两分钟，尽管这两分钟可以让人感觉无比漫长。针锋相对会让愤怒一直延续，遇到愤怒的人不要火上浇油，因为他们很快就会平静下来，下面的几种做法只能为对方的愤怒推波助澜。

- 向对方发泄情绪。

- 为自己的立场辩护，这将导致更激烈的争论。

- 使用肢体语言来表达你的愤怒、不安或不屑一顾。

赢得一个朋友比赢得一场争论要好得多。赢得朋友自然就赢得了争论：朋友比敌人更容易讲道理也更容易妥协。要实现这一点，一个简单的方法是把恐惧变成倾听。倾听比诉说和劝导更容易使双方达成一致，倾听的过程包括以下 3 点。

- 带着同理心。
- 就问题达成一致意见。
- 确认前进的方向。

带着同理心

有些人天生善解人意，其他人则必须学习这项技能。幸运的是，这很容易。同理心并非只有专业的心理学家、神经语言程序专家，或者知心姐姐才具备，这里有 3 种简单的方法，可以让你在与同事打交道时变得更有同理心。

1. 停止喋喋不休。让对方听到完美的理性与和谐的声音——他们自己的声音。不要觉得有必要填补沉默，让他们用自己的智慧填补。倾听是一种绝妙的方法，可以让对手主动投降，让买家主动购买，让恋人重归于好。

> **倾听是一种绝妙的方法，可以让对手主动投降，让买家主动购买，让恋人重归于好。**

2. 积极倾听。用不同的方式阐述（不要重复）对方的观点，表明你正在听，且你已经听进去并理解了。如果你误解了，他们很快会告诉你，这样你就能避免任何误解。如果你解释得正确，他们会认为你很善于聆听他们的智慧。

3. 问开放式问题。开放式问题鼓励人们畅所欲言。封闭式问题鼓励回答"是"或"否"，这样会扼杀对话，如果答案是否定的，则有可能产生冲突。开放式问题通常以"是什么""如何"或"为什么"开头。这些问题很难用"是"或"否"来回答。

就问题达成一致意见

许多冲突因工作计划和优先事项而起。财务部门关注成本控制，市场部门侧重创收。二者之间的冲突往往源于自说自话，如果争论的焦点仍然是降低成本或增加收益，那就不会产生理性的讨论。因此，双方需要就冲突达成一致意见。实际上，双方都想提高组织的盈利能力。一旦双方就冲突达成一致意见，他们就可以商定一个共同的前进方向：做市场投资需要向投资者展示足够的回报。虽然最终仍然有很多讨论和辩论，但至少双方现在都朝着同一个目标努力，并找到了共同的语言。

这是显而易见的道理，但也是它通常会被人忽视的原因。将冲突的本质从非输即赢转换成双赢，是一种真正的艺术。成本与收益二选一就是非输即赢，提高盈利能力则是双赢。

确认前进的方向

只有当双方都处理好"热战"的情绪问题，并就冲突达成一致意见时，理性的讨论才能展开。在实践中，这通常是讨论中最简单的部分。如果双方试图共同找到一条出路，就很有可能成功。如果大家朝着相反的方向各自为营，则很难取得进展。

理想情况下，这是一场建立在情绪稳定和政治稳定基础上的理性讨论，在第 2 章"解决问题：枷锁和框架以及工具"一节有详细的阐述。

到现在为止，你可能已经注意到智商、情商和政治商再次冒出。解决冲突的倾听过程让这 3 种核心管理技能融汇在了一起。

1. 情商：同理心，让情绪平静下来。

2. 政治商：就冲突达成一致意见，协调工作计划。

3. 智商：解决问题并商定前进的方向。

重要的是，要按照情商、政治商、智商的顺序实施：情商在前，最后才是智商。许多管理者从智商开始，导致无休止的逻辑论证和兜圈子。先处理人际关系，许多问题就会迎刃而解。

注意思维：管理者的思维

我们的思维方式决定我们的行为方式。如果真的想改变行为方式，那么我们必须改变思维方式。这乍一看有点吓人，像要承诺以降低高薪的办法进行为期多年的成本削减。如果需要，你可以这样做，但这不是必需的。你不必非要改变自己，你只需要成为最好的自己。这才是更诱人的前景：扬长避短。

过去的 8 年里，由我领导的原创研究表明，在不同的行业和地区，顶尖的管理者都有着相同的思维方式。以下是 7 种管理者思维方式。

1. 志存高远：追求最好，不断超越。

2. 勇气：敢于面对困境，超越舒适区。

3. 韧性：拥抱逆境。

4. 负责：保持主动，避免受害者心态。

5. 积极：相信未来会更好。

6. 协作：通过他人完成工作。

7. 学习：不断寻求职业和个人成长。

当看到这个清单时，你会合理地假设这些思维方式你都拥有。在一帆风顺时，我们都可以做到，但是优秀管理者的过人之处在于，无论处在何种境况下，他们总是能做到，同时把每种思维方式都发挥到极致。

关于管理者思维方式的研究有很多积极的发现。

- 任何人都可以学习这些思维方式，并变得更好。
- 这些思维方式对技能有乘数效应，让你更好地施展其他情商技能。
- 思维方式是无形的，所以与竞争对手相比，你能拥有无形的竞争优势，让对手无从知晓。
- 你不必掌握每一种思维方式，也无须在某方面尽善尽美，只要在一两个方面变得更好一点，就会有很大的不同。就像演奏乐器或运动一样，稍加练习就能带来长足的进步。

本节将简要介绍每种思维方式的含义，以及如何构建自己的思维方式。

志存高远：追求最好，不断超越

一个普通的管理者是务实又专注的。以下是他们会做的事情。

- 提高绩效。
- 处理当下的工作。
- 专注于力所能及的事情。

这样做无可非议，但优秀的管理者（领导者）的思维方式与此不同。表3.1 显示了二者的差异。

表 3.1　普通的管理者与优秀的管理者（领导者）的思维方式差异

普通的管理者的思维方式	优秀的管理者（领导者）的思维方式
提高绩效	寻求改变，敢于与众不同
处理当下的工作	专注于打造完美的未来：以终为始
专注于力所能及的事情	聚焦为了实现目标必须完成的事情

二者关键的区别在于着眼点的不同。优秀的管理者（领导者）不仅着眼于当下，做显而易见和实际的事情，还会从未来的美好愿景出发，从想要实现的目标出发，使用逆向思维。这意味着他们不会被眼前的出发点限制，而是关注想实现的目标，然后寻找实现目标的路径。有一个古老的故事，一位来到爱尔兰的旅行者问去都柏林（爱尔兰首都）的路，并被当地人告知："如果我要去都柏林，我不会从这里启程。"太多的管理者受制于起点，而没有专注于他们需要到达的地方。

太多的管理者受制于起点，而没有专注于他们需要到达的地方。

勇气：敢于面对困境，超越舒适区

仅仅有梦想是不够的，也要有付诸行动的勇气，否则你的美好未来只是一个白日梦。显然，你不需要像古代的国王一样，必须有带兵打仗的勇气。你需要一种不同的勇气。当优秀的管理者（领导者）谈论勇气时，他们的意思如下所示。

- 就期望和业绩进行艰难的对话。
- 就成本和团队的现状做出艰难的决策。
- 在危机中挺身而出，而不是全身而退。
- 对挫折承担责任。

- 挑战现状，不要安于现状。

简单的路线阻力最小，但是，如果走简单的路线，你永远不会爬到管理的顶峰，只能在山脚下漫步。提升勇气并不需要疯狂地冒险，只要通过不断将自己推离舒适区来慢慢培养自己的风险承受能力和风险意识。随着舒适区的扩大，你慢慢能够承担更多的风险。最终，你会做一些在别人看来非常勇敢的事情，但对你来说，冒险已经成为你的本性。

韧性：拥抱逆境

勇气就是敢于冒险。顾名思义，冒险有时候会带来一些危险，并非每次冒险都能成功。用诗人威廉·布莱克（William Blake）的话来说："除非你知道什么是过度，否则你决不会知道什么是足够。"冒险意味着推动自己，直到发现什么叫绰绰有余。

管理者需要培养两种韧性：短期韧性和长期韧性。

短期韧性是走出挫折的能力。优秀的管理者"不理解"失败这个词。他们可能承认偶尔的挫折，这仅仅意味着他们还没有成功。请记住这句口头禅："我只是暂时没有成功。"这将促使你采取下列行动，正确地应对偶尔的挫折。

- 着眼未来。
- 付诸行动。
- 利用每一次挫折来学习，提升实力。

长期韧性是指在四五十年的职业生涯中保持活力和热情。从根本上说，这需要两个条件。

- 享受你的工作。只有喜欢你才能做好。享受并不意味着享乐，而是全神贯注于你所做的事情，忘记时间。如果你工作的时候感觉度日如年，那你肯定谈不上喜欢。只有当你享受你的工作时，你才能不断突破自我，实现目标。

- 有一个有意义的使命或目标。如果你的目标是明年达成你的一些关键绩效指标（KPI），你就不太可能全力以赴。你的使命越伟大，你的决心就越大。

负责：保持主动，避免受害者心态

承担责任是一种不言而喻的思维方式。但是，优秀的管理者承担责任的方式与大多数管理者有很大的差异。二者的差异主要体现在3个方面：面对成功、失败和感受的态度。

- 成功。大多数管理者喜欢将成功归功于自己。每个人都需要荣誉，这意味着当你成功时，你就想要争取荣誉。但优秀的管理者会做出一些出人意料的举动：他们不会将成功据为己有，而是慷慨地分享成功。他们确保所有为成功做出贡献的人都得到认可。这样做有两个好处：首先，它有助于你在周围建立一个忠诚的团队和人际网络。互惠是人心所向，你会发现你的慷慨让你收获他人的慷慨。其次，通过赞扬他人，你自己也站到了成功这一舞台的中央。你不会因分享成功而失去荣誉，反而会赢得更多的荣誉。

- 失败。没有人喜欢戴"笨蛋高帽"。所以，当你站起来并承担失败的责任时，整个组织都会如释重负。与其玩指责游戏，不如专注于如何从挫折中前进，你可以把灾难变成胜利。到评估的时候，大多数上司会认为你表现得很好。即使下属犯了错误，上司对待认识到问题的下属也比那些否认问题的下属更友善：通过认识到问题，你向上司表明你可以从中学习并改进。

- 感受。对自己的感受负责是管理者要学会的最难的一课。想象一下，你在办公室度过了糟糕的一天，然后一位同事走过来把你惹恼了，他真是会挑时间。你完全有权利感到愤怒和沮丧，但是没有法律规定你必须感到愤怒和沮丧：你可以对自己的心情和反应做出选择。作为管理者，同事不会记住你做过什么，但是会记住你是什么样的人。一旦意识到这一点，你就能对自己的反应做出明智的选择。一定要谨慎选择。

积极：相信未来会更好

积极不是培训课程所教的逢人便说"祝你有美好的一天"。积极是发自内心的。积极心理学的研究表明，拥有积极态度的人更健康、长寿，积极的销售人员的业绩几乎是

拥有积极态度的人更健康、长寿。

其他人的 2 倍。对管理者来说，只需要做好一些简单常规事项就能保持积极。

- 关注未来，而不是过去。这意味着推动行动，而不是分析。
- 专注于你能做什么，而不是你不能做什么。不要担心你无法控制的事情。
- 多赞扬，少批评。
- 寻找机会，而不是问题。面对新的想法，多看积极的一面，而不是

一味关注消极的方面。最出色的想法一般会蕴藏最大的问题，但在你认识到它们的优点前，不要扼杀它们。

来做一个简单但危险的练习。回想一下你今天遇到的每一个问题，从赶不上绿灯到收到烦人的电子邮件。你可能很快会感到今天很郁闷。现在回想一下发生过的每一件好事，从温暖的床上醒来，有干净的冷热水供应。这样你应该感觉好一些。你可以选择如何看待这个世界，而你看待它的方式会影响你的感受。你可以做出自己的选择。

你可以训练自己积极地思考。一位特别积极和热情的管理者有一个怪癖：别人的手上戴着手镯，她戴着橡皮筋，走到哪里戴到哪里。当被问及这个习惯时，她解释说："每当我有一个消极的想法，想要批评他人，表现得消极或说一些无法做到的事情时，我就会使劲拉橡皮筋。它提醒我，我可以以不同的方式思考，我可以是积极的。当我第一次戴橡皮筋时，不到一小时，我就把自己拉疼了。现在我意识到消极和愤世嫉俗只是浪费时间。我做事的方式发生了改变，人们也因此对我态度更好。"

事情的积极面

一位校长回顾了她任职的第一年发生的事情。刚上任时，她发现学生们的母语多达 68 种。许多学生是第一代移民，面临家庭贫困、无法融入环境以及难以就业等问题。

"当然，"她说，"这是个好消息。拥有如此多样化的学生群体，让人十分兴奋。第一代移民有强烈的求知欲，想要学习并在新环境中表现自己。教育他们是一种乐趣……"

大多数人会选择逃离这样一个具有挑战性的学校。但别人看到的问题，在她眼里是机会。她的自信传递给了教职员工和学生，并体现在他们的表现和外表上。

协作：通过他人完成工作

成为管理者就是实现从"怎么做"到"谁来做"的重要转变。

团队成员在面对任务时必须问："该怎么做？"管理者的工作是通过他人实现目标，因此你不应该问"怎么做"，而是问"谁来做"。

随着命令和控制的管理方式日渐式微，协作的重要性正在凸显。协作不是告诉人们该做什么，而是利用影响力来说服那些你无法控制的人与你合作，并帮助你实现自己的目标。关于影响和说服的艺术，在本章前面"说服：如何推销"这一部分详述过。

协作思维的主要特征如下。

- 从"怎么做"转变为"谁来做"。

- 影响和说服，而不是命令和控制。

- 通过建立信任来建立影响力：协调利益、说到做到、赢得信誉。

- 给予和接受：在他人需要时为他们提供支持。

- 倾听、尊重和充分赞美。

协作思维很难培养。我们对现实都有自己的想法，这些想法告诉我们什么是重要的、什么是我们必须做的。协作思维让我们认识到，现实中有很多不同的想法，没有哪个是完美的。我们必须理解和尊重他人对现实的想法。只有理解，我们才能影响、指引和改变他人的思维。理解不是与他人达成一致，而是为有效的影响和说服奠定基础。

学习：不断寻求职业和个人成长

职业生涯是一场马拉松，而不是短跑。

在 40 多年的职业生涯中，你所做的工作和你所需要的技能将发生根本性的变化。回顾过去的黄金岁月，就你对音乐或电影的品位而言，也许没问题；但就技能而言，也许是一场灾难。在技术变革、全球化和竞争激烈的世界中，你的工作保障并非来自你的雇主，雇主和雇员之间的忠诚度不是有来有往的。雇主希望你 100% 忠诚，直到不再需要你。你的工作保障来自你的技能、绩效记录和强大的人际网络，这些可以引领你获得下一个机会。

> **职业生涯是一场马拉松，而不是短跑。**

你必须保持技能水平领先，在组织内的不同层级，你所需要的技能也相应地发生变化，具体内容将在本章"学习正确的行为：满足团队期望"一节中进行描述。在不同的环境中使用相同的技能是不行的，你必须学习和成长。

掌握技能的方式不仅是培训。大多数培训提供专业的知识和技能，这些技能固然重要，但它们只是一种商品：会计、法律、IT 是很好的技能，但在国外有很多人以更低的价格提供相同的技能。区分优秀管理者与普通管理者的是他们的管理技能。这些技能教会你如何与人打交道、如何实现目标、如何管理上司，以及应该冒多大风险。学习这些技能并没有可以遵循的操作手册，你必须自己去发现生存和成功的规则。这些规则会根据你工作环境的变化而变化。例如，政府和投资银行的风险偏好、工作时间和工作风格截然不同，在一个地方奏效的东西在另一个地方可能并不奏效。

继续学习的一个简单方法是问两个问题：WWW 和 EBI。

WWW 的意思是"什么进展顺利"。在每次重要的会议、电话或活动后问自己这个问题，它会让你成功。大多数人认为成功是理所当然的，并假设这就是世界的本意，现实却并非如此：成功很难始终如一地获得。事情出错的原因无穷无尽，我们不能假设我们与生俱来的天赋会自动纠正错误。所以，当事情进展顺利时，反思为什么它们进展顺利，以及你做了什么使得它们进展顺利。你越是努力地去探寻自己的成功，就越能理解自己是如何以及为什么成功的。你将开始创建自己的成功手册。

当事情没有按照你的预期进行时，问 WWW 同样重要。即使事情出了差错，也可能有一些你做得很好的地方让你免受更大的挫折。一次次地发现自己做得很好的地方，增强自己的知识储备，增强对自己的信心。

EBI 代表"如果……更好"。再一次，在任何重要事件结束后，问问自己可以做些什么不同的事情来获得更好的结果。EBI 的常见替代方案是 WWW 的反面：出了什么问题。偶尔进行事后讨论会很有用，许多最深刻的教训来自做错的事：小时候，我们从被烫的痛感中认识到玩火的危险，然后就不会犯同样的错误了。但是，专注于消极因素会让你失去信心并在团队中开始可怕的指责游戏。如果专注于如何改进，你就会进步。你可以把 WWW 和 EBI 当作团队汇报的好方法，也可以独处时使用它。你会发现，即使是走在路上、等火车或喝咖啡时，也可以通过反思自己的一天并询问 WWW 和 EBI 使这种时间富有成效。这样做，你可以按照自己的方式指导自己取得成功。

学习正确的行为：满足团队期望

仔细阅读文献，你会发现理想的管理者具有以下特征和行为。

- 志存高远，为人谦和

- 敢于放权，精于辅导

- 乐于助人，善于掌控

- 聚焦任务，以人为本

- 深思远虑，处事精细

- 嗅觉敏锐，条理清晰

- 关注目标，重视过程

- 思维缜密，情感丰富

- 艰苦创业，诚实可靠

- 动作敏捷，方法得当

一些管理者认为他们已经具备所有这些品质，甚至还具备其他品质。他们傲慢而愚昧，认为没有必要阅读这本书或其他任何可能使他们更高效的书。还有一些管理者认为，按照这些苛刻而矛盾的标准来衡量，他们都很渺小。

在这一点上，有必要询问管理者对处于不同管理层级的同事的期望。表3.2是对该问题的调查结果，各项标准按重要性排序。括号中的数字是管理者按照相关标准，对同事的表现感到满意的百分比。

表 3.2　管理者对处于不同管理层级的同事的期望

高层管理者	中层管理者	新晋毕业生 / 新晋管理者
愿景（61%）	激励他人的能力（43%）	勤奋（64%）
激励他人的能力（37%）	决断能力（54%）	积极性（57%）
决断能力（47%）	行业经验（70%）	智商（63%）
应对危机的能力（56%）	交际能力（57%）	可靠性（61%）
诚实和正直（48%）	授权能力（43%）	进取心（64%）

回顾一下表单，这个调查总结了 4 个主题。

1. 组织内管理层级不同，生存和成功的规则会相应地发生变化。这就能解释为什么人们可以在一个层级上成功，而在下一个层级上又失败。他们不是突然之间无能的，而是他们发现在一个层级上久经考验的成功公式在下一个层级上根本不起作用。

2. 领导魅力和鼓舞人心没有出现在表单中。这是一件好事。你无法学习领导魅力也无法生搬硬套，它不是必需的。在接受采访或调查的数千名管理者中，我们发现只有很少的人具有真正的领导魅力。提高管理效率不需要有领导魅力和鼓舞人心的技能。

3. 期望是累加的。高层管理者应具备新晋、中层、高层管理者的所有素质。他们不能在晋升为中层管理者后立即失去智商、勤奋或可靠性。随着层级的上升，绩效标准也随之提高。

4. 按照上述标准，人们对管理者的满意度充其量是平均水平。如前所述，满意度由每项标准后面括号中的百分比来表示。这对管理者来说是个好消息，意味着只要具备表中列出的技能和行为方式，他们就可以从同事中脱颖而出。

无论你目前的水平如何，你的团队都会期望你满足他们对高层管理者的期望。就你的团队而言，你就是高层管理者，你需要以这种方式行事。鉴于此，有必要简单概括一下你需要怎样做才能成为团队想要追随的管理者。

愿景

你需要一个简单的想法，关于如何让未来变得更好。这不仅是设定一个发展目标，你还要向团队展示如何以不同的方式工作：更高的质量、以客户为中心、更强的专业精神、零缺陷等方面，视情况而定。然后分 3 部分构建你的故事。

1. 这就是我们所处的情况，是我们需要改变的原因。
2. 这就是我们要实现的目标，这就是为什么未来会更好。
3. 这就是我们实现目标的方法，是你能发挥重要的作用。

这个故事对你来说至关重要。它为你的团队提供了目标和方向。让每个团队成员都了解这个故事，让他们看到他们应如何有所作为，以及他们如何从你的愿景中受益。愿景与每个团队成员越相关，他们就越投入。

激励他人的能力

当团队成员说他们想要一个能够激励其他人的管理者时，他们真正的意思是想要一个能够激励他们的管理者。团队成员往往对管理者为激励他们而做的努力不以为意：从表 3.2 中可以看到，只有 37% 的人认为高层管理者擅长激励，而他们最不愿意将这个真相告诉高层管理者。整个行业都致力于理解和提高动机，从放松活动到神经科学，不一而足。就我们的目的而言，只要做一件事就够了。在我们的研究中，我们发现有一个问题能准确地预测管理者在激励他人和其他维度方面的评级："我的上司关心我和我的职业（同意 / 不同意）。"如果你通过了这个测试，你很可能在激励、决断、远见、团队合作和其他指标上都得到很好的评价。如果你在这方面得到的评价不高，你在其他方面的评价可能也不会高。

这一发现表面上看显而易见。如果你有一个上司，他根本不关心你，这肯定非常令人沮丧。但有一个关怀下属的上司会让一切变得不同。

关怀并不意味着必须友善和赢得大家的欢迎。关怀意味着你应该了解每个团队成员的想法和需求，可以给他们分配正确的角色，支持他们，并在必要时与他们就绩效进行艰难但具有建设性的谈话。关怀是建立信任，而不是让大家喜欢你。

> **关怀是建立信任，而不是让大家喜欢你。**

决断能力

决断能力在关于智商的部分阐述过。对一个团队来说，决断能力就是清晰度。大多数追随者本质上是懒惰的：人们想知道他们要去哪里以及如何到达那里，最不想要的是不确定性和方向的改变，这会导致返工、浪费时间和错过截止期限。通常，做出任何决定都比没有决定好：你创造了一种方向感和目的感，消除了疑虑和猜忌。如果你有疑虑，请谨慎地与你的团队分享：展现过多疑虑会显得你软弱和摇摆不定。

你的小疑虑可能发展为团队内部的重大信任危机。与其表达怀疑，不如和你的团队一起开展组织有序、目标明确的讨论。这种讨论是具有包容性的、以行动为中心的，最终会让你做出决定并明确目标，从而满足团队的期待。

应对危机的能力

危机是你大放异彩的机会。当事情进展顺利时，管理工作很容易进行；当遇到问题时，管理者才会遇到挑战。不要回避危机，要拥抱危机，化危机为机遇。

以两种方式应对任何危机。第一种方式是果断。不要否认危机，快速且尽早处理问题。危机与葡萄酒不同，前者不是随着时间的推移越来越好；时间越久，它们往往会变得越糟，当指责游戏开始时更是如此。当同事们都往后退的时候，你要挺身而出。大家都会庆幸有人有勇气承担责任。首先，做出任何决定都比没有决定好。奇怪的是，形势越糟糕，事情就越清晰。在最严重的危机中，你可能只有一条出路或一件事可以做。所以，去做吧。重要的是你采取行动，创造动力，建立希望，给人一种清晰的感觉。即使你后面不得不改变方向，至少你已经创造动力，你正在前进。

应对危机的第二种方式是展示你是一个什么样的人。在每个人都忘记谁做了什么的细节很久之后，他们仍然会记住你的为人如何。这是你可以做出选择的地方。有些人销声匿迹，置身事外。有些人将进入马基雅维利模式：他们会做大量所谓的"有用分析"，然后归咎于其他人，回首过去他们却一事无成。还有些人可能会恐慌。只有少数人将保持冷静、积极，提供支持和注重行动。如果你看起来冷静而自制，你的团队就会对你有信心。如果你开始追问出了什么问题，你将为内斗和政治斗争创造理想的温床。你的形象和你的行为一样重要。想好你希望展示怎样的形象，然后相应地行事。

诚实和正直

诚实和正直，关乎生存和成功。没有诚实和正直，就没有信任，也没有团队合作。这种诚实不是某些政客的诚实，他们的诚实意味着"除非法院认为我不诚实，否则我就是诚实的"。管理层的诚实更加严格，意味着完全诚实，并有力量尽早处理不妥当的情况。如果团队成员表现不佳，等到绩效评估的时候再去处理这件事，那就是不诚实的，并且会破坏信任。团队成员需要知道他们的立场，尤其是当他们站错位置时。

归根结底，诚实与信任有关。没有人愿意和他们不信任的上司一起工作。

投资银行的诚实

克里斯谈到某投资银行的董事长："他的最大特点是诚实。他从不说任何人的坏话。如果你向他分享秘密，他一定会保守秘密。他不会在背后说任何人的坏话。如果你浪费他的时间，或者表现得很愚蠢，你得到的唯一结果就是再也见不到他。

"因为他的诚实，每个人都信任他。员工信任他，客户信任他。这使他在市场上很有影响力。客户需要他们可以信任的人来处理非常敏感的问题。在银行内部，他几乎没有敌人。他的地位是无懈可击的。"

诚实是牵一发而动全身的。在诚实方面评价不佳的领导者往往在其他方面评价也很低。如果不信任某个管理者，团队就不会对他给予很高的评价。尽管值得信赖的管理者在其他方面不一定表现出色，但至少他们有机会得到公平的评价。

要想做到诚实，就需要拿出勇气进行艰难的谈话并做出艰难的决定。在短期内，这些可能会很艰难。从长远来看，它们对提高领导力至关重要，能帮助你赢得信任和尊重的筹码。

第 4 章

政治管理技能：获得权力，实现目标

在大多数组织中，你可以见到智商很高的人，见到情商很高的人，甚至见到二者兼备的人，但这些人不一定就是最出色或最成功的管理者。有很多智商、情商都很高的人，在组织中都低调行事、默默无闻。他们人缘很好，但很少被重用。与此同时，一些智商或情商似乎不如他们的人在组织中扶摇直上，他们的权力越来越大，位置越来越高。

很多情商、智商都很高的人缺乏的是政治商，即政治技能。

政治技能听起来很马基雅维利式。有时，它们可能就是马基雅维利式的。因此，对初出茅庐的管理者来说，有必要弄清楚政治技能究竟包括什么、不包括什么。

政治技能是你在组织中实现目标所需的技能。智商技能涉及智力，情商技能涉及人际交往，政治技能则涉及组织和行动。要实现目标，你需要知道如何获取并使用权力和资源。

> **政治技能是你在组织中实现目标所需的技能。**

一旦获得某些权力，如果你妥善地使用它们，你就会获得更多的权力和资源。权力建立在权力之上。

在过去的 20 年里，管理领域发生了两次革命。显而易见的是技术，它终于走进办公室，进入管理者的工作方式。从理论上讲，办公技术可以提高生产率。实际上，事实并非如此。这种技术之所以失败，有以下 3 个原因。

首先，它提高了期望，而不是减少了工作量。技术的普及意味着他人可以随时随地联系到我们，我们也必须随时随地做出回应。技术将我们从办公室中解放出来，但在家里束缚着我们：技术使 7 × 24 全天候居家办公成为可能。同样，由于现在制作演示文稿更容易，演示文稿变得更长，质量却乏善可陈。我们可以轻松地把电子邮件抄送给相关人员，因此不仅增加了工作量，还并不总是产生更大的影响。技术提高了期望，但并不总是提高业绩。

其次，技术会让管理者做额外的工作。因为我们可以自己制作演示文稿，所以我们亲力亲为。但这完全是浪费我们的时间和精力，尤其是在其他人可以做得更好、更快、更经济的情况下。如果我们为公司增加价值的最佳方式是自己制作演示文稿，那么我们可能不适合管理者这个岗位。

最后，技术浪费时间。如果一些资料可信的话，那么人们在办公室里每天浪费在社交媒体和其他非工作相关的技术上的时间长达 3 小时。无论怎样，我们都容易被网络新闻吸引，从而暂时丢下手头的任务。

因此，技术显然正在改变我们的工作方式。它本该让我们更有效率。但更常见的是，它提高了人们的期望，增加了工作量，让人们分心，并诱使人们去做错误的工作。因此，在技术掌控你之前，你必须学会掌控它。

真正的变革是你作为管理者的工作发生了变化。在传统的命令和控制的时代，你会通过你可以控制的人来实现目标。现在，你不太可能控制成功所需的所有资源。你必须借助那些你无法控制，甚至不喜欢的人才能实现目标，这改变了一切。你不能命令客户、同事和上司按照你说的去做。你必须学习一套全新的技能：施展影响力、说服他人、建立信任和支持网络、推进变革、在没有权力的情况下仍然能控制和管理有权力的人。这就是管理者需要面对的现实，以及政治商的核心技能所在。

疫情暴发和向居家办公的转变加速了这场变革。当你整天都和团队在一起时，命令和控制很容易；反之，微观管理就会困难得多。

这些技能（在以下各节中讨论）并不神秘。它们都浅显易懂，大多数管理者都可以获得这些技能来帮助自己和组织。政治商涉及权力。就像《星球大战》中的原力一样，权力可以被用来造福一方，也可以毁灭一切。了解权力的本质至少给你机会做出选择。

> 了解权力的本质至少给你机会做出选择。

在本章中，我们将首先总结 10 条权力法则，然后更详细地探讨这些可以在职业生涯中发挥最大效果的法则。

权力的十大法则：获得政治商

在政治商的新世界中，权力不仅来自你的头衔。即使是拥有更高头衔的管理者也往往难以获得控制权。你需要建立非正式的权力和影响力，这将远远超出你的正式头衔的范畴。环顾你自己的工作场所，你会看到有些人在这方面做得很好。他们做到这一步不是依靠一些神秘的遗传因子，而是遵循一些简单的法则。

这些法则不能言说，只可意会，是一套诀窍性技能，而不是知识技能。如果环境变得不确定和具有挑战性，这些诀窍性技能就变得更加重要。对高政治商的管理者来说，这些诀窍性技能属于本能反应，就像他们思维中的默认设置。一旦理解了这些本能反应，你就可以开始自己学习它们。它们被描述为权力的十大法则。

总结如下。

掌握实权

不要等你成为 CEO 才开始掌权，高政治商的管理者在任何级别上都有一定的控制权。控制权始于制订明确的计划并采取行动。你的计划可以分为 3 个部分：

1. 目前的情况
2. 未来的目标
3. 实现目标的方法

通过控制，你可以为自己和同事创造清晰的重点和目标。即使他们不同意，讨论也会集中在你的而不是他们的计划上。掌握实权在面对危机和冲突时尤为重要，许多人对危机避之不及，但是危机是让你扬名的机会。

培养忠实的追随者

你需要成为人们想要追随的管理者，而不是被迫听命于你的管理者。只有如此，你才能吸引最出色的团队并取得最佳业绩。除了自己的团队，你也需要忠实的支持者。你需要依靠同事和承包商来帮助你实现目标。获得支持意味着建立信任：你需要和他人相互理解（有共同的价值观）和相互尊重，即你需要兑现承诺。它不同于建立友谊——信任是职业关系的核心，而友谊是个人关系的核心。

演好角色

如果你想扮演好一个初级管理者，你的愿望很容易实现——你可以当一辈子初级管理者。观察比你职级高两级的人的着装、言行。如果他们的行为与你的行为之间存在差异，请考虑改变自己。

演好角色的过程可以很肤浅。比如像你想演好的角色那样穿着，人们虽然不完全以貌取人，但也会据此来评价你。这个过程也很微妙。高管们不会用 300 页演示文稿来说服彼此。他们会面对面地讨论问题。

不要扮演高管们的跟班，而要做他们的伙伴，他们才会平等待你。

尽早出手

只要存在不确定性，高政治商的管理者就会利用这种情况来掌控局面。当危机或机会出现时，你应该准备好挺身而出，而不是后退。尽早行动需要勇气。例如，在以下情况中，尽早行动会对你有所帮助。

- 商谈预算。在预算框架下达给你之前，尽早商定广泛的目标。

- 管理危机。如果你有一个解决危机的计划，你就能保留控制权。行动滞后意味着情况变得更糟。

- 得到合适的职位。等待职位信息发布无疑会让你错失良机。你应该在机会即将来临时有所察觉。一定要确保自己已经准备好，这样才能被安排到你想要的职位上。

- 管理会议和克服阻力。永远不要通过会议做决定。在你的计划被放在会议上讨论前，你就应该知道自己的决定可以被通过。在正式决策过程开始前，你应该在单独的会议上先发制人，阻止所有潜在反对意见的提出。

有选择地斗争

在组织内没有足够的资源时，矛盾在所难免。你需要具备与他人斗争的能力，但只在有必要时才使用这样的能力。

- 当得到的东西值得一争时。
- 当你知道你会赢时。
- 当没有其他方法可以实现你的目标时。

公司内的大多数斗争之所以失败，主要是因为至少违反了上述规则中的1条（有时是全部3条）。

有选择地强硬

接受借口就是接受失败。有时，你需要给下属下死命令，帮助他们完成他们以为无法完成的任务。很多时候，只要给下属明确任务必须完成，他们就会学到东西，就会成长，组织也一样。

接受借口就是接受失败。

一些管理者把这一点推向了极端：他们总是不讲道理，不会培养员工，而是逼迫员工。强硬的管理确实能带来短期效益，但是给人力和财力带来的是长期破坏。高政治商的管理者知道如何通过有选择地强硬提高长期绩效。

建立信任

信任是权力的硬通货。如果没有人信任你，就不要指望自己对任何人有太大的影响力。信任来自言出必行。这听起来很容易，但事实并非如此。我们表达的和别人听到的往往大相径庭。当表达时，我们认为自己是在随机应变，说："我希望……我将尝试……我会调查它……"我们希望在事情没有成功时，这可以成为我们的借口：我们已经希望过、尝试过、调查过。但对方听到的是一个承诺："我会……"然后，你当然可以争辩说你按照自己所说的做了，但这种辩护并不能恢复信任。丑话要说在前面，在设定期望和落实这些期望时也不要心软，只有这样才能避免最终出现意料之外的情况。

拥抱不确定性

在存在不确定性的地方，往往有一片空白等待你填补。它产生于不确定的计划，举例如下。

- 我们如何组织远程团队会议？
- 谁应该参与这个新项目？
- 我们将如何应对这一新的竞争举措？

要抢占先机并抓住一些好的机会。你会作为一个积极、果敢的人脱颖而出。然后，你需要成功来获得荣誉。

高政治商的管理者会与其他人分享成功的荣誉。这不仅会巩固大家对你的支持和忠诚，还能进一步凸显"一切斗争都在你的掌控中"这一事实。

注重结果

这一点应该是显而易见的，但许多管理者认为专注于分析、流程和问题更安全。注重结果可以最大限度地减少不必要的冲突。与其玩指责游戏，不如向前看，采取行动。注重结果首先要提出正确的问题。

- 会议上：无论正式计划如何，我都想实现的目标是什么？
- 与其他部门发生冲突时：我想实现什么目标，值得为之奋斗吗？
- 面对危机和挫折：询问我们需要什么结果，而不是谁应该为此负责。

使用权力或失去权力

一旦掌握了权力杠杆，你就要使用它们。你越使用权力，你获得的正式权力就越多。如果运用不当，你会失去它们，甚至可能失去你的工作。

回避求稳的陷阱。如果你的唯一目标是生存，这样做无可非议；如果你想成功，你必须有所作为。

问问自己："我在这个职位上的出色表现会给我带来什么不同的结果？"你能给继任者留下什么？用权力做出真正的改变。

权力的十大法则

1. **掌握实权。**为部门制订清晰的计划，了解自己的努力能带来什么改变，建立正确的团队，为自己的计划争取到相应的预算和支持。不要将已有的计划、团队和预算视为神圣不可侵犯的，于是被动接受。

2. **培养忠实的追随者。**一定要表现出你对团队的每个人以及他们的工作真正感兴趣，了解他们的需求，管理好他们的期望值。尽早主动与难以沟通的人沟通并建立信任，始终兑现对他们的承诺。

3. **演好角色。**要表现得如同组织中其他有影响力的人一样——积极、自信、果断。要表现得像高管的伙伴而不是跟班。

4. **尽早出手。**晚一步得到任务、参与讨论或者晚一步了解新举措，你都会为取得最终的结果付出巨大的努力。越早出手，对结果的影响就越大。尽早出手比坐等加入花车游行更具风险，但如果你想影响他人并引导潮流，就不要坐等加入。

5. **有选择地斗争。**只有在出现值得为之一战的利益时、在你知道必胜时、在实现目标别无他法时，再斗争。赢得一位朋友比赢得一场争论更好。

6. 有选择地强硬。敢于给自己、团队和其他人施压。要超越常规、超越舒适区来实现改变。这能让你学到东西，影响他人并建立影响力。

7. 建立信任。信任是硬通货。如果没有信任，谁也不会相信你，要言出必行。让每个人都信任你必然能提高你的影响力，而让每个人都喜欢你会让你变得软弱，因为你必须时刻妥协、时刻做出让步来讨好别人。

8. 拥抱不确定性。危机与不确定性是让你脱颖而出，掌握实权，填补他人的不确定和怀疑所致的空白的绝佳方法。拥抱不确定性能让管理者充分展现自己。

9. 注重结果。按照清晰的目标工作。这些目标应该在整个组织内透明且有影响力。致力于行动而不是分析。

10. 使用权力或失去权力。掌握自己的命运，否则别人就会掌握你的命运。只有施展影响力才能影响别人。

掌握实权：想法的力量

在过去，权力和控制来自正式的权威人士所掌握的各种资源。其中包括以下几点。

- 掌握预算。管理者的"帝国"规模是由他们的预算多少决定的。他们认为预算越多越好，但这会导致"帝国"的建设产生重大缺陷，根本无法控制成本或提高效率。

- 掌握信息。过去，管理者的角色是向下传达指令，向上传递信息。技术或多或少地使信息自由。管理者现在需要不同的权力来源才能获得控制权。

- 掌握员工与技能。如果你和你的团队拥有公司所依赖的一套独特的技能，那么你就拥有了权力，直到你们被外包公司取代。

- 掌握客户。如果现金为国王，那么你的客户就是皇后，就像在国际象棋中一样，他们掌握着真正的权力。在专业的服务公司中，权力属于那些能让客户付费的人。

- 掌握权限。有时企业也是一个充满刻板官僚主义的环境（"允许你这样做超出了我的权限范围……"）几乎没有控制权的小领导们不会轻易放弃权限：这是他们运用权力来达到目的的唯一渠道。

所有这些权力来源在今天仍然适用。它们是你讨价还价的筹码。简而言之，如果你没有预算、信息、员工与技能、客户或权限，无论身处何处，你都不会有太大的影响力。

但仅拥有这些权力来源还不够：它们只是让你进入影响力世界的入场券。如果第一个挑战是获得其中一些权力来源，那么第二个更大的挑战就是知道如何使用它们。

在管理的新世界中，仅拥有头衔和正式权威并不意味着你真的拥有实权。即使对最高层的管理者来说，掌握实权也很不容易。如果你遵循从前任管理者那里继承的团队计划和预算，那么你并未掌控权力，你只是在管理"遗产"。更糟糕的是，其他部门的所有同事都将提出极具竞争力的计划和优先事项，你只能任其摆布。那么，如何才能掌握实权呢？

在一个不确定的世界中，有一个非常清晰、高度相关且有价值的计划是掌控的核心。你的计划应该基于你对自己部门或单位如何在你的领导下有所改善的想法。你必须描述一个完美的未来，这是你的团队未来可以为之努力的方向，你还要为此力争高层管理者的支持。这将帮助你消除日常管理的干扰项，让你专注于重要的事情，而不仅是紧急的事情。

你会面临大量的干扰。比如司空见惯的小危机和冲突、无休止的报告和行政管理，还有年度预算和绩效考核等所有管理人员都必须亲自处理的事项。但它们只是达到目的的手段：管理的目标不是提供预算文件和绩效评估。管理者必须满足预算要求，完成业绩指标。这通常意味着你必须做一些与以前不同的事情。故步自封却仍然希望取得比之前更好的结果，那只是一厢情愿的奢望。如果你忙于应对各种干扰，那么你将无法带来改变。

有时，这种计划被称为愿景。这让人联想到马丁·路德·金（Martin Luther King）和"我有一个梦想……"。大多数有这样愿景的管理者都应该把它留在心中。在管理术语中，愿景只不过是一个简单的故事，包含以下 3 个部分。

> **愿景只不过是一个简单的故事。**

1. 当前的目标
2. 实现目标的方法
3. 你可以做出的贡献

有些人添加了第 4 部分——目前的状况。这只是有助于解释我们当前的目标的相关性和重要性。花太多时间沉湎于现在和过去并不是驶向未来的好方法。

当前的目标

给予方向是管理的关键之一。方向需要前后一致且可预测。团队需要通过某种方式理解你的优先事项并做出选择，而不是总来问你。他们需要知道将精力放于何处。你需要做出一个简单的解释来帮助你的团队理解应该达成什么目标。

通常，前进的终点要么是一个清晰的目标，要么是一个相关的主题。目标可能包括以下几点。

- 制定年度预算。
- 今年开发 3 个新客户。
- 将成本削减 15%。
- 推出一款新产品。
- 将交货时间缩短 50%。
- 创建一个新的市场测试计划。

主题可能包括以下想法。

- 将我们的工作方式专业化。
- 加快决策制定。
- 更加以客户为中心。
- 简化工作流程和模式。

一些管理者将目标和主题结合起来：主题是他们实现目标的方法。让事情变得如此简单需要精力、洞察力和判断力。一旦管理者有了这样的构思，掌控的道路就很清晰了：管理者已经制订一个计划来推动团队行动并专注于计划。管理者不再被事务缠身，而是掌控各种事务。

实现目标的方法

确定目标比较容易，实现目标却要困难得多。一旦心中有一个目标，你就需要证明这个目标与你的部门需求相关且可以实现。

最重要的是专注于一些轻松的胜利。每个人都喜欢胜利的感觉。部门的年度目标太宏大了，要找到一些团队成员现在就可以开展的工作，以便他们尽早看到成就。你不需要提前将全年计划公布于众，你只需要自己知道终点和起点就好。

你可以做出的贡献

你必须将有关部门的大故事转换为与每个团队成员相关的小故事。你的团队成员喜欢被需要的感觉，所以要表明他们是重要的、是可以做出贡献的。

与每个团队成员单独讨论你的部门目标。这是一个很好的机会，可以告诉他们你想实现的目标、实现目标的方法以及对他们的期望。反过来，你也会听到团队成员在职业生涯、机会、技能和工作方式等方面对你的期待。与对待整个团队一样，你需要为每个团队成员确定一些容易实现的目标，让他们可以做出贡献并取得进展。这将建立双方的信心：如果他们无法实现双方已经同意的简单目标，那么他们就要担心自己的业绩和能力了。

管理变革：管好人而非项目

人们通常认为，管理就是关于变革的。也许管理就应该如此，但大多数时候，大多数管理者并不热衷于变革。变革代表着风险和不确定性，甚至意味着比日常工作付出更多的努力。通常沉迷于变革的人是管理顾问（变革意味着咨询费，而且无论结果如何，他们都没有风险）和 CEO（变革意味着告诉董事会他们正在做某事，而且由于他们控制着变革，所以没有什么可担心的）。

> 通常沉迷于变革的人是管理顾问和 CEO。

由于变革被视为管理的核心，所以管理层会自然而然地声称正在实施变革。在一些传统机构中，每年唯一的变化是更换挂历。即便如此，这些机构的管理者也会谈论不断加速的变革步伐及其所代表的挑战。这种看法可能是完全错误的，但它所带来的后果是真实的。如果管理者觉得他们已经在快速变革，那么任何更多的变化都会让他们远离舒适区。突然间，你会听到许多清晰而理性的观点，认为变革风险太大，注定会引起混乱。这些看似理性的反驳，往往是那些受到威胁的人发出的求救信号。

> **对于变革的看法可能是完全错误的，但它所带来的后果是真实的。**

变革是 FUD 的领域：恐惧（Fear）、不确定性（Uncertainty）和怀疑（Doubt）。管理者自然不喜欢进入这样的领域。但是，如果条件合适，就能实现非凡的变革。在 2020 年 3 月的一个星期内，许多公司发生的变化超过了前 10 年的累积。它们意识到工作不一定发生在一个固定的场所，人们可以在任何地方工作。居家办公以前被认为是一种逃避行为，而一夜之间，它成为新常态。

> **工作不一定发生在一个固定的场所，人们可以在任何地方工作。**

2020 年 3 月的变革是疫情暴发迫使管理者们不得不进行变革。本节将向你展示如何创造条件，实现真正的变革，而无须被像疫情这样的外部危机迫使做出变革。

我们将探讨成功变革的两个主要方面。

- 为成功而变革
- 管理变革过程

为成功而变革

大多数为变革所做的努力在开始之前就成功或失败了。作为管理者，你需要为了成功而在建立团队前就投入时间。多年来，有一种方法可以预测哪些为变革所做的努力会成功。我们可以用下面的变革方程式来总结这个方法。

$$N \times V \times C \geq R$$

- N（Need）代表变革的必要性。
- V（Vision）代表实现变革的愿景。
- C（Capacity）代表变革的能力。
- R（Risk）代表变革的风险和成本。

简单来说，变革方程式的意思是，你需要强烈地感受到变革的必要性，要有实现变革的愿景，而且必须具备进行变革的能力，这些元素综合在一起必须大于变革的风险和成本。

让我们探讨每个元素在实践中的含义，以及如何使用它们。

变革的必要性

鉴于大多数人本能地不喜欢改变，你需要找到推动变革发生的真正原因。你必须有一个你正在解决的问题。如果人们厌恶风险，他们就是厌恶改变。

你可以通过证明不进行变革的风险大于进行变革的风险来克服人们对风险的厌恶。即使是 CEO 也会使用这种策略。他们创造一个"燃烧平台"，将变革与公司的生死存亡联系在一起。"燃烧平台"故事的本质是，除非我们改变，否则竞争对手、监管机构或技术变革将使我们破产。面对要么失去工作，要么改变工作方式的前景，大多数人会选择改变他们的工作方式。

疫情暴发是经典的燃烧平台。一夜之间，公司发现员工不能再在办公室里工作了。人们必须改变，而且大多数人都成功做到了。管理者不必推销变革或说服人们迎接挑战，每个人都知道他们必须立即采取激进的行动。结果是每个人都齐心协力，实现了公司历史上最大、最快的变革之一。如果有真正的燃烧平台，你就可以加速变革。

大多数时候，你不太可能遇到像疫情暴发这样的燃烧平台。然而，你必须证明你正在解决一个真正的难题。理想情况下，这不是你造成的问题，而是公司作为一个整体面临的挑战。听听 CEO 和高管们在谈论什么。他们将谈论的是自己面临的各种挑战。许多新晋或中层管理者把高管们讲的话当成耳旁风，不断观望并考虑是否需要有所行动。但这是你大放异彩的机会——要证明自己不仅倾听了高管们的话，也在按照他们的工作重点采取行动。

取悦客户

CEO 发表了他的总结报告，内容一如既往地激发希望和恐惧：对更美好未来的希望，对不改变所致后果的恐惧。他还大谈取悦客户，这并不让人感到意外，因为这是一家依赖于取悦客户的律师事务所。大多数人听完只是点点头，然后继续吃午饭。

管理设施的经理没有被邀请参加会议，他在公司无足轻重。但他还是来到会议现场，确保座位、音量、视频和午餐都一切正常。他想到了 CEO 的总结报告。取悦客户与设施到底有什么关系？他不确定，所以他召集了他的团队。

他们做的第一件事就是打扫厕所：环境糟糕的厕所很难取悦顾客，它们本身就成为一种特征。然后他们改变了接待处的工作方式，使其提供的接待服务更具吸引力。前台接待员已经慢慢成为保安，所以设施经理通过授权接待员成为酒店礼宾员来改变这种状况——尽一切努力帮助访客。他们创建了一个客户会议室套间，不仅环境宜人，还非常私密。

在下一次年会上，CEO 并没有忽视设施经理。他要求设施经理向所有合作伙伴发表讲话：他是唯一一个真正理解 CEO 关于取悦客户的信息并采取行动的人。

了解最高管理层的计划并采取行动，这样你就会得到强有力的支持，才能建立你的地位和信誉。

变革的愿景

愿景只是阐述你想法的一种宏伟方式，我们在上一节中进行过讨论。向你所在的部门、每个团队成员甚至整个组织展示变革将带来怎样的变化与好处。

如果说变革的必要性会带来压力，那么实现变革的愿景会带来希望、清晰度和重点。你既需要压力，也需要希望。如果只有压力而没有希望，你就会感到绝望，因为没有人知道如何回应。一旦你设定了你的愿景，每个团队成员都会更清楚自己应该做什么。

一个好的愿景会带来清晰、可定义且有一定时效性的收益。每个团队成员都应该知道成功是什么样的，以及他们应该在何时取得成功。高管们也应该看到变革带来的收益。从广

> **一个好的愿景会带来清晰、可定义且有一定时效性的收益。**

义上讲，收益分为 3 类：定性收益、定量（非财务）收益和财务收益。你的团队可能对推动财务利益的实现毫无兴趣，但高管们对财务利益最感兴趣。

他们看到的收益越大，就越有可能支持你。这意味着你必须找到不同的方法，向各类团体说明最终回报，如表 4.1 所示。

表 4.1　定性收益、定量收益和财务收益

定性收益	定量收益	财务收益
增加客户关注度	客户保留率从 80% 提升到 90%	年收入增加 250 万英镑
提高团队士气	自愿离职率从 18% 降到 10%	招聘和培训成本节约 30 万英镑

评估你的愿景所带来的回报

在上述简化的情况下，你需要从 3 个方面来确定回报的大小。定性收益是每个人都可以理解的，定量收益为你的团队提供了切实的目标，财务收益是高层管理者将支持的回报。

你需要持续提醒大家会有回报。你将不可避免地面临被动和主动的反对。如果你谈论的只是增加客户关注度，那么你很难应对这种反对。但是，如果你能反复提及 250 万英镑的回报，那大家就很难抗拒了。没有管理者愿意成为阻止公司获得 250 万英镑年收入的人。

变革的能力

归根结底，变革的能力是指变革所需的支持。与以往一样，细节决定成败。真正的问题在于，支持在实践中意味着什么。

正确的支持有三种形式。

- 强大的后盾。你的想法或愿景应该直接支持一些高层管理者：他们需要看到他们将从你正在做的事情中受益。然后，他们将帮助你获得合适的预算、合适的团队，并帮助你消除前进路上遇到的政治障碍。他们不会每天都参与——如果他们是合适的后盾，他们一定非

常忙。但他们为你提供关键支持，以启动并保持变革。

- 技术支持。如果你声称你的变革将为公司每年增加 250 万英镑的收入，那么这种说法必须经过验证才可信。销售和市场部门需要验证客户保留率能够提高的结论，财务部门需要确认你的财务预测是否准确。

- 合适的团队。技能固然重要，但更重要的是心态和价值观。为了推动变革，你需要那些主动、有动力、有韧性和创造力、能应对挫折的团队成员。他们还需要有良好的人际交往能力。检验后盾的一个好方法便是看看后盾是否可以帮助你找到合适的团队。如果你最终只得到一个二流团队，那就离开吧。你即使夜以继日，也无法实现自己的目标。这还表明你的后盾缺乏能力，或者你对他们来说不重要。

变革的风险和成本

所有的变革都有风险和成本，这就是为什么大多数人不喜欢它们。合理的成本和风险很容易处理。风险日志和问题日志以及所有缓解措施都能减轻风险。这些理性风险通常可以被理性地管理好。真正棘手的是情感和政治风险。

- 情感风险是非常个人化的。这个变革对我有何影响？我还可以保住饭碗吗？我会有新的目标、新的上司或者新的角色吗？我必须学习新技能吗？成功的功劳将被归于谁，如果出错，我会背黑锅吗？

- 政治风险关乎权力和地位。这个变革将如何影响我的部门？我的预算、员工和责任会增加还是减少？这将如何影响我部门的计划和工作重点？

173

当然，没有人直接谈论这些风险，否则会显得他们不专业。相反，任何感受到威胁的人都会开始对你的变革提出一大堆看似合理的反对意见。争论这些意见是徒劳的，无论你认为自己是对是错，对方都会深入挖掘。一旦他们在公共场合表明立场，他们就很难改变自己的立场。

最好的解决方案是与关键人物和有影响力的人沟通。确保你理解并尊重他们的需求，让他们参与你正在推进的变革，这样他们就会感到威胁有所减少。你可以使用本书中概述的影响和说服的技巧。

管理变革过程

项目管理至关重要，因为它安排什么时间应该做什么事情。但管理变革过程不仅是项目管理，它与人和政治有关，我们将在下文中详细介绍。优秀的变革管理者和优秀的项目管理者通常是截然不同的两类人：前者善于与人相处，后者善于处理任务。如果你善于与人相处，那就与擅长处理任务的人组队，反之亦然。

首先，我们将看看变革过程的性质以及如何应对它，然后分析处理变革阻力的具体问题。

变革过程的性质

变革很少一帆风顺，它可能像坐过山车。每个人都有各自的过山车之旅，所以你需要单独帮助每个人。有一些实用的方法可以帮助人们摆脱情绪过山车。当压力太大时，人们会出现各种异常，需要你的帮助才能保持工作效率。关键原则如下所示。

● **任务递增**。不要在短时间内给团队成员太多工作。要逐步增加他们的工作量。让他们从容易做的事情着手。这样做有以下两个作用。

1. 让他们树立信心，感觉自己可以成功。

2. 建立责任感——一旦开始工作，他们就将充满责任感并坚持到底。

- 施压，但不要压垮别人。如果变革的过程太过严厉，就会让人不舒服。如果管理得当，变革对他们来说可能是令人兴奋的事，他们的业绩也可以提高。但是，如果他们被逼得太紧，他们就会压力过大。就像出现高原反应的登山者一样，他们需要退回到自己的舒适区才能恢复。然后，他们才能重新开始分阶段地逐步增加任务。一个常见的错误是持续施压，而不给人们适当的恢复时间。懂得关心下属，他们才会专注于工作，不要让工作任务把人压垮。

- 关注积极的一面。认可并强化正确的行为和表现。发现并认可每个人表现出色的地方，帮助他们建立信心。如果出现问题，请帮助团队成员尽快找到解决方案和行动方式。不要让他们沉浸于问题而茫然不知所措。即使面对一个大问题他们只能做一些小事，也要让他们去做。

- 目标坚定，手段灵活。目标坚定不仅是必须实现什么，还关乎为什么必须实现。实现目标将对组织和个人都产生积极的影响，让人们专注于回报，这样他们就能看到他们所做工作的价值和意义。但是，在实现目标的方式上，给予他们一定的灵活度，允许他们灵活地选择如何实现目标。给他们一种授权感、控制感和责任感。

- 尽早设定期望。如果人们知道自己将经历"死亡之谷"，在他们遇到困难时，他们就不会惊慌失措。我们告诉一位 CEO，他将经历"死亡之谷"，在接下来的两个月里，每次遇到新的挫折时，他就像一个孩子一样地问："我们到死亡之谷了吗？"他冷静地带领组织度过了一段艰难的时期，因为他已经做好准备。

- 取得一些初步的胜利。一些象征性的行为通常有助于人们相信你对这次变革是认真的，并且有真正的动力。当人们看到变革正在发生时，他们会开始追赶变革之潮。

图 4.1 反映了人们在变革过程中的不同体验。

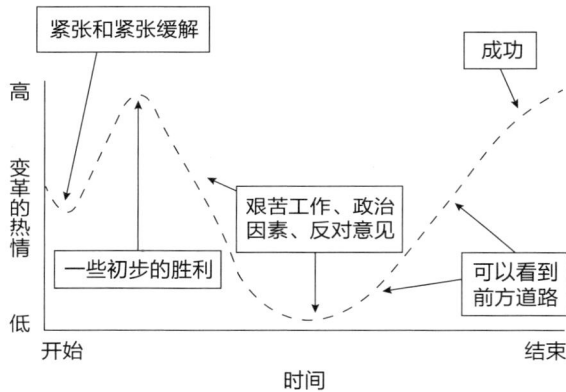

图 4.1 变革与死亡之谷

处理变革阻力

在第 3 章介绍过管理阻力的大多数原则，详见"说服：如何推销"一节和"应对冲突：从恐惧到倾听"一节。如果项目设置正确，那么在项目开始前，大部分阻力就已经被克服。

然而，有一个潜在的危险：任何变革都会招致阻力。那些认为自己将损失最多的人会无比强烈地表达反对（见图 4.2），他们会造成很大的干扰。与此同时，大多数人将保持沉默。当政府改变税收和支出的优先顺序时，你可以看到相同的情况。受损者大惊小怪，受益者则保持沉默。

　　政治商还不够高的管理者需要回避一个陷阱：与少数派进行争论。你越是倾听少数人的意见，就越觉得他们说得有道理。这等于给了他们对你项目的否决权。最糟糕的情况是他们会终止项目，而损害最小的结果是他们会拖延项目并弱化它，对项目造成巨大的破坏。

　　处理这些障碍的最好方法是绕过它们。把你的精力集中在激发大众（包括批判性意见的提出者和决策者）的热情上。当人们开始默许你的努力时，反对派会感到自己被孤立了。当变革的火车离开车站时，他们必须做出选择：要么上车，要么错过火车或者被淘汰。无论如何，火车都不会停下来。在商业上，反对派会慢慢瓦解：有些人会加入你，有些人会藏起来，有些人可能在其他地方寻找其他机会。

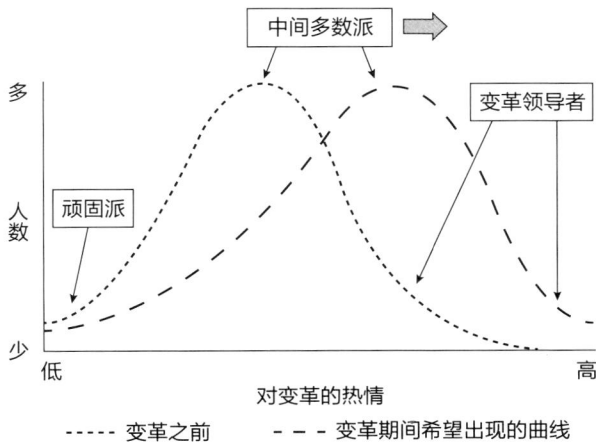

图 4.2　变革的钟形曲线

人与变革：穿越"死亡之谷"

项目管理者通常喜欢称自己为变革管理者，因为这听起来要复杂得多，与人事部（对不起，应该是人力资源管理部或战略人才管理部）和销售（再次对不起，应该是客户关系管理者、大客户经理、市场主管、开发助理）是一个道理。

在看似无害的语义背后，存在一些严重的混乱。项目管理在很大程度上考验的是智商，重点在于建立或改变诸如 IT 系统、生产线和重大土木工程等事项。通常，它涉及以下活动。

- 制定工作规范。
- 创建风险和问题日志。
- 确定工作规模——人员、时间、材料、资金。
- 定义关键路径以及需要按顺序执行哪些任务——在建造屋顶前打好基础，先开门再进入。
- 评估并监督进展情况。
- 制订项目计划，用不同的符号来显示大多数人难以理解的决策点和路径。

这些是非常有价值的活动，在管理复杂任务（如建造核电站）时至关重要。

在一个管理出色的项目结束时，情况会发生变化。但是，人们不会仅因为建立新工厂或创建一个 IT 系统而改变。要使项目真正成功，你必须改变人们的工作内容和工作方式，这才是变革管理和项目管理的本质区别。变革管理把我们拉回管理者角色的核心工作：通过管理他人实现目标。

有效的变革管理与人有关，而不仅与项目有关。我们将探讨影响组织内员工的最常见的 5 种方式。

> **有效的变革管理与人有关，而不仅与项目有关。**

- 改变员工的工作内容：角色、职责、工作描述。

- 改变员工的工作方式：技能。

- 改变员工及其任务的组织方式：过程和程序。

- 改变员工的考评、奖励和认可方式：信息、考核、评估和激励制度。

- 改变员工的行为方式：最广义上的文化变革。

在项目管理上表现出高智商的人，在面对变革管理中管理他人所要求的高情商和高政治商时，就束手无策了。与建筑物或 IT 系统不同，人们有自己的希望和恐惧。他们会反驳、回避和逃避、制造麻烦，会按照自己的情商和政治商行事。他们为自己的利益行事，同时受到组织利益对他们的制约。变革是一个混乱的现实，即便使用项目管理软件中清晰明了的关键路径分析，优美的框图和线图也无法将其征服。

改变员工的工作内容

重组通常意味着组织结构的变化：在组织结构图周围移动方框，希望由此产生好的结果。结构性变革会遭遇一些管理者的冷嘲热讽——他们目睹过这些改变，从集权到分权，又回到集权，根据当时的趋势围绕产品、客户、职能或市场进行重组。

任何重组都涉及 3 个方面：理性、情感和政治。智慧且理性的重组原因往往是重组过程中最普遍、最无效的理由。重组的好处来自其处理得当的情感和政治影响。

- **重组的理性方面。** 一些咨询顾问对此异常兴奋，他们绘制大量图表、进行岗位评估、定编定岗，并对岗位进行各种描述。他们通常创造不必要的复杂性来证明自己的合理性。采用理性重组方法的真正问题是，很多时候没有办法知道或证明一种组织结构绝对优于另一种组织结构。

- **重组的情感方面。** 重组的本质是号召大家为组织奋斗。这种说法就像："我们必须更接近客户，所以现在我们正从以产品为中心的结构转向以客户为中心的结构。"只要改变结构，并通过措施、奖励、流程和程序的变化来支持它，人们就会开始相信这个关于重组的故事。在个人层面上，重组是与团队中的每个成员重新建立心理契约的绝佳机会。这相当于在说"这是一个新世界，现在让我们弄清楚我们必须做些什么才能在这个新世界中取得成功"（请参阅下面的专栏示例）。

- **重组的政治方面。** 重组的一个重要原因是推翻原有的权力巨头。例如，玛莎被委派管理一家大型系统公司的欧洲业务。在大男子主义的文化中，权力巨头决心阻挠她。他们都用冠冕堂皇的理由来说明自己在组织中的角色是独一无二的，并且无法协助成本缩减。因此，玛莎重组了整个团队（"杀一儆百"地给一个权力巨头分配了一项他不能接受的工作，迫使他离开）。她将公司的业务重点从区域位置为主转移到行业为主（金融服务、石油和天然气、政府部门等）。理性来说，这样做是为了建立更强的行业专长，但真正的原因是打破权力巨头的权力网。权力巨头发现自己处于陌生的领域，无法使用他们以前的借口。他们已经看到反抗带来的后果。玛莎现在牢牢地控制着这些大男子主义的权力巨头。

建立新的心理契约

那是一个星期日的早晨。我们知道我们必须在明天早上宣布重组。一切都准备就绪了：大量的职位描述、演示文稿、问卷、组织结构图和网页。但我们感觉很空洞，好像少了点什么。我们翻阅了无数的论文，意识到缺少的是人：在进行各种分析时，我们忘记了他们。

我们开始思考每个人，以及重组对他们个人意味着什么：他们的希望和恐惧是什么，以及我们需要从他们那里得到什么才能使重组取得成功。

慢慢地，重组开始有了生机。我们为每个人确定了几个问题。

● 重组会给他们带来什么变化。

● 重组如何帮助他们个人。

● 他们可能担心什么以及我们如何帮助他们。

● 从业绩改善、技能和工作方式的角度，我们需要他们做出什么样的贡献。

随着重组的展开，我们坐下来与每个人讨论这个新的心理契约：我们对彼此的承诺。事实证明，上司和他的团队成员之间的这种心理契约远比那些被迅速扔进废纸篓的枯燥的工作描述管用得多。

改变员工的工作方式

管理者及其下属要持续提高和改善技能水平。管理者的职业生涯的特点是他们需要掌握的各种技能一次次发生彻底的变化。在职业生涯的早期，管理者需要学会这一行的基本技能。这些技能可能是会计、IT、法律或市场营销等技能。在大多数情况下，人们热衷于学习这些技能，原因如下。

- 他们知道自己尚未完全掌握这些技能。

- 他们知道掌握这些技能对职业发展至关重要。

- 知识有据可查，可以通过努力学习。

随着管理者职业生涯的发展，这些基本技能的重要性变得越来越低，仅仅掌握基本技能的人不太可能成为高级管理人员。

更加重要的技能是人际交往技能：让其他人为你做事。如果你不能让别人做事，你就不是在管理。对你自己的组织内部进行简单的观察，你就会发现一些管理者在这方面做得很出色，但还有更多的管理者介于平庸和糟糕之间。

> **如果你不能让别人做事，你就不是在管理。**

最艰巨的挑战是学习并提升人际交往能力：激励、影响、委派、管理冲突和处理不同的风格。然而这恰恰是培训严重失败的地方。许多管理者声称他们正忙于为他们的猫安排瑜伽课程，无论他们的借口是什么，这都意味着他们无法参加你精心设计的人际交往技巧研讨会。与其他基本技能培训相比，人际交往技能培训缺乏的恰恰是人们的动力。

- 大多数管理者不愿意承认自己的人际交往能力很差：参加培训课程被视为技不如人。大多数管理者都倾向于认为自己善于与人相处。

- 管理者看不到课程与其职业生涯的相关性：他们需要应对一些眼前更紧迫的挑战。

- 所需的技能没有得到很好的理解，也没有高质量的书籍：我们处理的是隐晦、无法言说的知识。很多骗子乘虚而入，声称找到了解决方案，但他们的解决方案又相互矛盾，而且很难说这些解决方案是否适合你。无论你面对的问题是士气低落还是利润下降，他们总是给出同一个"神奇"的解决方案。

我们中的大多数人相信经验而不是培训。这当然有道理。大家都知道他山之石可以攻玉，也会避免重蹈覆辙。

慢慢地，我们从经验中发现了自己成功的秘诀。它可能在理论上不起作用，但在实践中有效，并且在你的工作环境中有效。

问题在于，从经验中学习是一种随机游走。如果你和你的团队要快速学习正确的内容，你就需要更多的框架和目标。除了正式培训，你还有两种方法可以加速学习。

- 辅导。第 3 章"辅导：无须更多培训"一节对此进行了详细的介绍。
- 同侪小组学习。让人们互相学习真正有效的方法（请参阅下面专栏中的示例）。这样做的本质是创造一个结构化的观察环境。利用小组的集体经验确定在当前背景下有效的实践方法。如果做得好，这也是一个帮助人们重新思考他们所做的事情的机会。在同侪小组学习设计得当的前提下，向同事学习具有非常高的可信度和相关性，很少有外部讲师能与之匹敌。

同侪小组学习

对有经验的销售人员进行销售培训是非常有风险的事。他们认为自己无所不知。而且，每当谈到那些复杂的人寿保险产品时，任何培训师都会战战兢兢。于是，我们充分尊重销售人员的自信心，给予他们展示自我的机会。

首先，我们分析了谁最擅长向不同的客户销售不同的产品。我们与他们一起开发了一个非常基本的销售模式（参见第 3 章的"说服：如何推销"一节）。然后，我们将最优秀的销售人员集中在一起，让他们在小组内分享他们的秘诀。这是他们的高光时刻。他们争相阐述自己的见解，我们则适当地进行记录。

我们整理了他们的见解，并在课程中加以推广，让其他人在这些顶级销售人员的框架和见解之上构建自己的知识结构。其他人也都由衷地希望能参加这些活动：了解最优秀的销售人员的秘诀以及他们是如何提升个人销售额和年度奖金的。

在整个过程结束时，我们有一个在理论上无法站住脚，但是在实践中所向披靡的销售模式。

改变员工及其任务的组织方式

流程变革的作用非常强大，但它也常常被滥用。如果使用得当，它可以帮助组织在质量、成本和客户体验方面优化表现。流程变革的本质是换位思考组织的情况。大多数组织倾向于从功能角度思考问题，这是人的本能反应。无论客户服务、物流、运营还是任何支持性职能部门，其中的员工都倾向于从他们所处的位置看待世界。但这就很难实现以下两个目标。

- **成本效益。**你可以削减你的部门成本，但你的许多成本是由其他部门的需求驱动的，你无法预见自己的成本削减会在其他部门产生什么连锁反应。在没有流程重点的情况下，削减成本是鲁莽之举，会导致政治斗争，因为每个部门都试图保护自己的边界。经济衰退会引发成本压缩，就像外科医生对一条生了坏疽的大腿进行截肢一样，患者会存活下来，但不会更健康。

- **市场效益。**传统的功能世界观鼓励每个部门将其他部门视为它们的客户。但真正购买我们的服务并支付账单的客户却日渐隐形且变得遥远。

成本效益和市场效益低下是无法带来成功的。以流程为本会颠覆以功能为本的思路。通过端到端查看流程（新产品开发、订单履行、客户服务、交易执行），你可以看到自己的部门与其他部门之间密切的联系。你很少看到你的工作如何融入整个业务流程中（从绵羊毛到服装店，或者从汤到浓缩汤块的整个过程）。一旦看到了全局，你就可以通过玩一个管理领域的游戏来改善管理，这个游戏叫作"只说一分钟"（Just a Minute）。在这个游戏中，你必须说一分钟话，不能重复同一个词，不能犹豫，不能跑题。要做到这一点是非常困难的。重新组织语言并做到"只说一分钟"相当于重新设计核心业务流程，使其不会出现以下问题。

- 犹豫——避免过程中的任何延误。
- 偏差——避免任何不增加价值的不必要活动。
- 重复——避免因质量差而导致的返工。

这样做的结果应该是一个企业在"更好、更快、更省钱"的挑战中取得成功。

为了取得成功，重新设计流程需要从客户开始。首先确定最佳客户体验应该是什么样的，然后以此为出发点开始工作。不要从你已有的流程开始，因为这个流程可能带来损害。对破碎系统的渐进式改良只能帮助它存活更长时间。根据客户的需求，从一张白纸开始设计，才有可能成功地聚焦整个组

对破碎系统的渐进式改良只能帮助它存活更长时间。

织的流程。

重新设计流程会带来很大的负面影响。在许多情况下，流程再造已经变成面带微笑的成本削减，而微笑是无足轻重的附属品。流程再造不再是一个好词，一提到它，人们就会想象花一大笔钱请一群初级顾问，帮助你详细规划现有流程，最后把你解雇的场景。

提供成功的流程再造是对企业的全面改革，包括重新思考如何服务客户；重新设计流程；改变结构、奖励、考核和信息系统，以支持新的流程；改变所需的技能，同时改变人们的工作方式。这是一个雄心勃勃的系统工程，需要非常强大的政治支持。很少有管理者能主动启动全公司范围的、真正意义上的流程再造。如果你听说公司要进行这样的流程再造，那么最好能参与其中，否则，你因此而失去工作的风险会大大增加。

业务流程简史

1996 年左右，西方重新定义了改变流程的艺术，并将其称为流程再造。在这之前，日本长期以来一直专注于流程再造，只是他们称之为"改善"或"全面质量管理"。日本的做法震惊了西方国家，因为除了被裁掉的员工，这种做法让其他人都获益匪浅。

西方国家一直都知道流程的重要性，但不知何故将其遗忘了。亚当·斯密（Adam Smith）在他的著作《国富论》（*The Wealth of Nations*）（1776 年出版）中描述了大头针制造过程中的流程管理可以实现非凡的生产效率和质量提升。一个工匠执行大头针制造的全流程是缓慢又低效的。而一群非熟练工人，每个人都在过程中执行一小步，那么质量和生产效率都会有极大的提升。亚当·斯密通过这次考察，深入成功的资本主义和管理实践的核心——劳动力的专业化和劳动分工。

从亚当·斯密到亨利·福特，这是一个很小的智力飞跃。亨利·福特安装和完善了生产线，使其取代了单一工匠制造汽车的模式。正如格洛斯特那些大头针制造商一样，福特发现组织有序的低技能水平员工能取得任何单个工匠都无法企及的生产质量和数量突破。

戴尔也展示了流程再造的强大威力。刚大学毕业的迈克尔·戴尔（Michael Dell），面对个人电脑市场上 IBM、苹果（Apple）、东芝（Toshiba）、惠普（HP）和康柏（Compaq）等对手，他一无所有。也许是出于绝望，因为他无法负担任何库存成本，他决定通过订购的方式向公众出售他生产的电脑。他一举重组了整个行业，措施如下。

- 传统个人电脑流程：先制造，然后期望销售出去。
- 戴尔个人电脑流程：先销售，然后期望制造出来。

这就是一个简单的流程再造，超越了一般流程再造的路线。这一次变革带来的效果如下。

- 解决了所有成品的库存问题。
- 改善了现金流，因为客户付款发生在向供应商付款之前。
- 消除了成品库存积压、资产减值和降价出售带来的损失。
- 不再需要复杂的销售预测工具。
- 通过取消高成本中间商而降低了成本。
- 快速而精准地获得有关客户和市场趋势的信息。
- 击败了竞争对手。

出色的流程再造正如戴尔所展示的。

- 简单，并不复杂。
- 关注的是市场压力，而不是内部压力。

大多数流程再造都无法做到这两点。

改变员工的考评、奖励和认可方式

管理界中有两句古老的格言至今仍适用："没有评估，无法掌控"和"没有奖励，无法收获"。你的核心任务是考评和奖励正确的东西。以下是一些反向案例。

- 根据接听客户来电数量对呼叫中心员工进行考评：员工因此敷衍每个电话，客户遭遇了劣质服务。
- 尽量降低保修期索赔率：手表行业对客户的索赔设置了巨大的障碍（必须在销售后登记产品信息；出示原始发票、盖章的保修文件和原始包装，并支付天价邮费；提供证据证明故障不受保修文件中317条豁免条款的任何一条约束；申请书必须得到包括曾祖父母在内的8个人的同意和签字）。
- 考评银行呼叫人员的放贷额：如果你没有适当注意贷款质量，那么你会发现放款很容易，但收回它就很困难。这是银行业的一个基本事实，本书的前几版已经对此提出警告。这也是令许多高薪银行家都束手无策的基本事实。
- 用 KLOC（千行代码）来考评程序员：根据不易更改的复杂代码，而不是根据更少、更优雅、更严谨的代码对他们进行考评。如果以同样的方式考评书籍作者，你肯定会遇到麻烦。

对于"我应该如何评估绩效"这个问题，唯一且简单的答案就是"好好评估它"。这是聊胜于无的答案。有时，问题比答案更有帮助。以下是你要问的关键问题。

- 目前对整个组织来说，重要的是什么？这为你的部门设定或重新调整奖励和评估标准提供了背景。确保你的目标与企业实现客户留存、降低成本或让技能水平、员工和销售额快速增长等目标保持一致。

- 真正需要评估的是什么？要谨慎地对待自己希望得到的东西。要时刻记得希腊神话中的迈达斯国王的故事，他希望他所接触的一切都能变成黄金。当他发现他的食物、葡萄酒、妻子变成黄金时，他又开始诅咒自己的愿望。实际上，你需要将财务、市场、组织和发展措施结合起来（请参阅下面的专栏示例）。

- 人们会如何反应？仔细思考人们行为的后果。人们会选择最短的路线来实现你的目标，捷径并不总是好的。

- 我将如何认可和奖励业绩？人们倾向于将过多的情感和能量花在可见且可以掌控的事情上。这意味着基本工资不会推动绩效提升，但是奖金、荣誉、公司配车、头衔和津贴会非常吸引人。这些之所以重要，是因为它们对人们来说是可见的，而且感觉是可以直接掌控的东西。

- 这个目标会产生什么意想不到的后果？找出答案的一种方法是问问自己，如果你被设定了相同的目标，你会玩什么游戏。找出你可以使用哪些捷径，确认怎样通过优先级变更、毫无意义的成本削减或数据操作来实现目标。你要相信，即使你不这样做，别人也会这样做。

建立有效的评估系统：从数据到信息

我在乘坐电梯去见CEO的时候，为该公司的评估系统感到担心。在三楼，一名搬运工将一个低矮的装载机推入电梯，里面装有大约30千克的打印材料。我问他那是什么。"本周给史蒂夫（CEO）的报告。"他高兴地说。史蒂夫其实根本不喜欢阅读。

我们一起去见了史蒂夫，他对刚刚进门的海量"垃圾"抱怨连连。

然后，我们坐下来，我让他在纸上写出他每周真正想看到的评估内容。他很快写满了一页纸。然后我们开始查阅所有的打印材料，发现他真正想要的并不在他收到的这些资料中。无意中，我们发现了平衡计分卡，却没有为它申请版权。史蒂夫需要的是能够回答以下4个基本问题的信息。

1. 我们的财务状况如何？（业绩的滞后指标）

2. 我们在市场上的表现如何？（业绩的现有指标）

3. 我们的内部工作表现如何：员工、运营、产品质量如何？（业绩的现有指标）

4. 新增功能如何：测试、试点、研究、重点项目如何？（业绩的未来指标）

在这一点上，我们开始了一场革命。我们将史蒂夫所写的纸张下发到整个组织：每个管理者根据自己所在领域的具体情况对其进行修改，同时确保收集到高层所需的数据。一开始，许多纸上都是可怕的空白：没有人知道发生了什么。数月之后，他们才明白正在发生什么，并开始上报正确的材料。

改变员工的行为方式

组织文化变革通常会以惨败告终。这种惨败是有充分理由的。

- 组织文化变革通常是对大多数人的攻击。文化代表了组织中生存和成功的非正式规则。一开始就攻击大多数人不是一个好的选择。即使攻击被认为是一种可延续生存的行为模式，也不会使攻击本身变得更好。

- 组织文化变革关乎人们的行为方式。改变行为是对个体的人身攻击，这并不是激发人们热情的最佳方式。

- 组织文化变革计划常常混淆目的和手段。大多数组织的目的不是培养快乐的员工。快乐和高效的员工是组织实现其他目标的一种手段。

- 组织文化变革进程往往管理不善。它可能不会涉及人员伤亡，但可能涉及许多敏感的、内省的和与人际相关的事件，这些事件是高度分裂的。有些人喜欢这些活动，并声称他们的生活已经因此改变，而另一些人只停留在表面。

在指出了组织文化变革的各种问题后，也要指出它们可以带来的各种益处。只要与环境相符并且落实到位，它们也可以变得至关重要。在许多组织中，文化已经严重失灵。这些组织颠覆了古老的格言，即"组织帮助普通人实现非凡成就"。有太多的组织让非凡的人做出普通的成就。

有太多的组织让非凡的人做出普通的成就。

面临文化功能丧失风险的主要是一些传统企业。它们的组织结构臃肿庞大，它们自我幸福感很强，容易陷入老的传统而无法自拔。

短期内这无关紧要。这些组织通常实力强大，能够制霸市场，看似所向披靡。然而当一个新秀出现并改变了游戏规则时，传统企业的第一反应是否认。否认会一直持续到恐慌出现或毁灭。恐慌至少还有生存的机会。

如果你想启动或参与组织文化变革，这里有一些指导方针。

- 从侧面改变组织文化。将你的精力集中在可以让大多数人团结起来的商业目标上。为了实现这一目标，你需要开展一些支持活动，主要集中在奖励、评估、工作方式、技能等方面。这会带来行为的改变。

- 坚持不懈地积极向上。表扬所有正确的行为。如果店员给心怀不满的购物者退款，表扬店员的主动性和以客户为中心（如果这是你想要实现的目标）。不要批评其他人缺乏主动性或没有以客户为中心。慢慢地，人们会明白组织看重什么样的价值观。

- 使用组织文化变革杠杆。奖励和评估系统在改变人们行为方面的效果非常显著。如果奖励是 100% 的提成，那么请不要惊讶你的团队表现出色但是道德标准很低。

- 身先士卒。人们会礼貌地听关于文化的演讲，因为他们必须这样做。但一旦聚集在咖啡机周围，他们会很快判断演讲内容是说说而已还是需要落实的举措。要使它成为现实，你必须用决定来支持你的话语，尤其是艰难的决定。

将价值观转化成行为

　　新校长希望给教师灌输一种尊重个人的价值观。领导团队对此进行了讨论并表示支持，但没有人真正理解它的含义。然后，有一天，一位班主任因为有人偷了东西却无人承认，让整个班级的学生留校了。校长问这位班主任："全班留校如何表现出对个人的尊重？"在那之后，再也没有出现过全班留校的情况。

一位体育老师在压迫学生方面恶名远扬。她似乎想让肥胖和哮喘的学生受尽折磨，这也是不尊重个人的表现。体育老师对自己的做法毫不让步，于是她很快决定离开学校。学校请来了另一位体育老师，这位老师帮助所有学生，而不仅是"让适者生存"。

慢慢地，学校的文化氛围发生了变化。整个过程中没有一个伟大的突破性事件，也没有召开变革性会议来处理个人和人际行为。所有员工一起学习并理解了尊重个人的真正含义。因为他们是自愿的而非被迫参与的，所以他们支持这种价值观，而且它真的发挥了作用。

实现目标：管理项目

大多数战斗在第一声枪响之前就胜负已定。大多数商战也是如此。在开始新的挑战前，请确保你已为成功做好准备。宁可一开始

> 大多数战斗在第一声枪响之前就胜负已定。

花 1 个月在项目的设立上，也比花 12 个月去痛苦地追求从一开始就不可能有的结果要好得多。高政治商的管理者会本能地投入大量时间来制订成功的计划，而天真的管理者只会出于职责和承诺接受挑战。一年后，高政治商的管理者被高层视为成功者，天真的管理者则被视为失败者。

理论上讲，管理复杂项目的最简单方法是聘请一位出色的项目经理。你可以找到很多具有 PRINCE2（受控环境中的项目管理，一种基于过程的有效项目管理方法）资格的人，他们对甘特图或工程网络图、风险和问题日志以及关键路径了如指掌。你应该拥有并能随意使用这种出色的技术性知识，以确保回避最明显的灾难。

作为管理者，你的第一项工作不是管理流程的细节。与变革管理一样，你的第一项工作是为项目的成功制订计划。如果具备以下条件，你就可能成功。

- 找到正确的问题并解决。
- 找到合适的后盾。
- 聘请合适的团队。
- 拥有正确的流程。

换言之，成功的项目管理所需的条件与变革管理相同。但是项目管理过程中的挑战与变革管理过程中的不同。因为这些条件是如此重要，所以我们将简要地提醒自己需要正确的问题、后盾和团队，然后专注于正确的项目管理流程。

找到正确的问题并解决

错误问题的正确答案毫无价值。要想测试问题是否正确，最好的办法是直接问："这是谁的问题？谁关心并解决问题？"

如果高管中没有人对你想要应对的挑战感兴趣，那么你就得不到支持，也很难取得任何进展。相比之下，如果你直接为 CEO 解决难题，那么你会发现事情突然间容易多了：忙碌的高管们会突然能挤出时间来见你，你将能够招募到一流的团队，而预算也神秘地出现了。

找到合适的后盾

从你的角度来看，合适的后盾具有 4 种品质。

- 政治权力：他们可以解决问题并实现目标。

- 可信度：他们有成功的经验。

- 个人利益：你的项目需要对他们很重要。利他主义是不够的。进展困难时，你需要他们支持你，而不是离开你。

- 值得信赖：你需要确信他们会言出必行。

CEO 通常是一个强大的后盾。因为 CEO 的项目永远不会失败，你会得到支持、预算和曝光度。后盾的工作不是运行项目，那是你的工作。合适的后盾为了项目的成功，将为你提供帮助，确保你拥有合适的团队和预算，并在关键时刻提供支持——当你遇到动荡时或到达重要汇报的里程碑时。

聘请合适的团队

一个糟糕的团队会事倍功半，而出色的团队会事半功倍。从你的角度来看，这就是失败和成功之间的区别。你要始终坚持寻找一流的团队，这样的团队总是已经在其他地方忙碌着。

合适的团队将具备正确的技能组合，也将拥有正确的价值观：主动性、动力、以人为本和韧性。用某位 CEO 的话来说："我雇用大多数人是因为他们有技术和技能，而解雇大多数人是因为他们（缺乏）的某种价值观和人际交往能力。"

正确的价值观其实是最少使用的团队选拔标准，但对价值观的忽视通常会导致灾难性的结果。如果你有一个高绩效、以行动为中心、敢于冒险的团队，却增加了一个胆小如鼠、经常带有负面情绪又注重分析的成员，那么无论他的技术和技能有多好，你很快就会见到一个死气沉沉又表现不佳的团队。

拥有正确的流程

项目管理已经成为一个产业。幸运的是，你无须掌握 PRINCE2 的 40 项独立活动和 7 个主要流程。如果你下周恰巧要建造一个核电站，那么你肯定需要风险日志、问题日志、会议日志、活动日志、主日志、补救措施和大量工程网络图或甘特图。但是你的项目可能没有这么复杂。许多具有资质的项目经理都可以为你提供帮助。作为管理者，你不需要事必躬亲。你必须找到合适的人来为你做事。

在实践中，你会发现错误的流程是 4 项条件中对项目管理的成功影响最小的那项。如果你有正确的问题、合适的后盾和团队，那么，即使你一开始的流程是错误的，你也会在必要时用坚定的意愿和技能改变流程。

优秀的项目管理不是让事情变得复杂，而是变得简单。你可以从结果入手，专注于结果应该是什么，你将如何衡量它，以及怎样知道何时算取得了成功。要具体，因为这会让你和你的团队清晰地聚焦重点。

一旦有了正确的目标，你就要设计达成目标所需的最少步骤。这是一条简单的关键路径。产品创新的路径可能是这样的：研究机会 / 市场、设计产品、制造产品、销售产品、运输产品、开发票。然后，你可以开始深入了解关键路径的每个部分的细节，但要着眼于大局，这样你才能专注于重要的事情。你需要处理所有日常细节，但不要迷失在细节中。

除了这一关键路径，你还需要一个有效的治理流程，要以正确的方式规划好。你必须去向持怀疑态度的高管证明自己。他们只在项目更新的时间点才会参与，这意味着他们需要聆听大量的简报，他们会担心自己不知道真实的情况。因此，他们要求提供更多细节并提出更多挑战。这是一种传统的命令和控制的思维方式，它对你没有任何帮助。这意味着你花在准备报告上的时间与处理项目本身的时间一样多。

　　与其建立传统的报告关系，不如成立一个指导委员会，让高管们扮演顾问的角色。他们不是来控制你的，而是来给你建议和支持的。你要拉进团队的不是一群若即若离的高管，而是一些关键利益相关者。他们会更加卖力，也更想看到你的项目成功。即使是财务人员这样的群体也对你的成功感兴趣：如果他们在项目开始时验证了你提供的财务数字有望让你拿到奖金，他们就会想方设法让你知道，他们的工作与你的项目一直相关，所以他们值得你尊重。你希望你的指导委员能支持你，但你也需要在你的指导委员会中加入帮你识别潜在危机来源的人。如果财务人员不参与，可能会出现某些问题；如果他们参与，你就能尽早听到他们的担忧，并与他们一起解决这些担忧。

如何让项目发挥作用

1. 以终为始。明确预期的结果，建立商业案例，衡量回报的规模并量化机会。

2. 回答正确的问题。了解你正在面对的问题或机会，并确认它们的重要性、紧迫性和相关性。

3. 为合适的客户工作。确保有人关注你所面临的问题或机会，只有这样，他们才会支持你，有动力为你安排强大的团队和重组的预算。

4. 建立你的联盟。确定可以帮助或阻碍你项目推进的关键利益相关者，了解他们的需求和期望并获得他们的积极支持。

5. 组建一流团队。确保你的团队中有最优秀的人才。如果你只得到一个二流团队，这就值得思考你的项目对重要人物是否真正重要。

6. 分解任务。将项目分解为任何人都可以参照和完成的短期任务。

7. **对任务进行排序。**厘清各个任务之间的从属关系，明确先完成什么任务，再完成什么任务，制定时间表。列出明确的最后期限和时间节点，以此来跟踪并确保一切按序进行。

8. **有效监督。**实施正确的治理，确保关键利益相关者的参与和支持；在每个关键截止日期之前定期更新进度，以便及时采取纠正措施。通过分析避免过度监控和疏忽。

9. **管理主要风险、问题和障碍。**为重大挑战制定应对措施。避免创建风险日志时出现官僚主义问题——事无巨细地一概记录。

10. **立即行动。**寻找一些初步取得的胜利并告知团队成员，向他们展示进展情况，赢得他们的支持。

非理性管理的艺术：不留情面

也许，在一个完美的世界里，管理者总是通情达理的。但我们并不生活在那样的世界里，管理者也并不总是理性的。最优秀的管理者有选择地保持非理性和严苛无情。严苛无情不一定是蛮不讲理、咄咄逼人、对人不对事且让所有人度日如年。最糟糕的管理者总是非理性和严苛无情的，他们中的很多人四处树敌，而这些敌人会很高兴看到他们失败，并在时机成熟时推波助澜。

> **最优秀的管理者有选择地保持非理性和严苛无情。**

如果你问高层管理者他们是否过于严苛，他们几乎总是会否认这一点。他们不喜欢这样看自己。但是看看他们的行为方式，当他们必须这样做时，他们总是严苛的（见下面的专栏示例）。即使他们不承认自己严苛，他们也会承认自己比较强硬。大家不妨找出二者的差异。要想行之有效，你需要知道什么时候应该严苛（还有什么时候不要严苛），以及如何做到严苛。

何时表现得非理性和严苛

孙子的 3 条出战原则此时再次出现。只有在出现以下情况时才战斗（非理性和严苛）。

- 非利不动
- 非得不用
- 非危不战

值得严苛的时候是风险最高的时候，举例如下。

- 商讨预算
- 设定目标
- 组建团队
- 任命和晋升

简而言之，如果你是与一个出色的团队，基于充足的预算一起完成正确的任务，以实现合理的目标，那么这场战斗你已经赢下 80%。反之，如果你是与一个糟糕的团队基于微薄的预算，在荒谬的目标下执行了错误的任务，那你还是另谋高就吧。你可能还会面临其他战斗，不要浪费自己的时间和精力来应对无足轻重的冲突。即使你赢得了小规模冲突，你也会失去一个朋友，当大战开始时，你会为此付出高昂的代价。在发生小规模冲突时，表明你的立场，然后做出让步，同时最好通过谈判为你的让步换来一些回报。

如何表现得非理性和严苛

过于理性的人很少取得伟大的成就。看看历史上的英雄，你就会发现他们中鲜有过于理性的人。你会发现伟业几乎都是由那些实现不可能的人创造的。从格蒂到盖茨，这些伟大企业家也都不是谦虚之人，他们只满足于一个合理的结果：他们不仅要赢，而且要大赢特赢。苹果联合创始人史蒂夫·乔布斯（Steve Jobs）被坊间传言拥有"现实扭曲力场"：他会让不可能发生的事情发生。同样，很少有人认为埃隆·马斯克的期望是合理的。

在你自己的组织中，你可能也发现那些取得巨大成就的人是组织中更严苛和非理性的管理者。

严苛而不令人不快是可以做到的。关键是要明白，你可以对目标保持非理性和严苛，但是对实现目标的方法保持理性。以下是你需要保持强硬的时刻。

商讨预算

要明确可接受的目标及其背后的原因，然后坚持自己的立场。如果你做出任何让步，就要通过协商获得一些回报。要清楚变革带来的后果和风险，要让他人觉得偏离你的立场极具风险。

> **如果你做出任何让步，就要通过协商获得一些回报。**

尽早设定期望：在正式预算协商开始前，将讨论锚定在正确的层级（见第 2 章"制定预算：业绩中的政治"一节）。

使用正式和非正式渠道来表明你的立场。不要仅依赖正式的内部流程来得到你想要的结果：在幕后对关键决策者进行游说，确保你可以打动他们。

关键决策者可以支持你，但你要对自己的行动排出顺序——先讲理由，再谈预算数字和员工。如果你有一定的信誉且理由靠得住，你应该能如愿以偿。

设定目标

设定目标与商讨预算相互联系，二者适用于相同的原则。要时刻将二者相互对照：目标应该跟着预算的变化而变化。

如果你正在为你的团队设定目标，那么商讨预算过程中的原则也适用于此，但设定目标的目的是达到相反的结果：在不让团队崩溃的情况下尽可能设定有压力的目标。

组建团队

要坚持组建一流团队。通常，新分配到团队的人员是未经考验的，以及一些经过考验却被发现不合格的人。

口头上还是要支持正式的人员分配流程，但心里要做好绕过它的准备。向那些你希望成为团队成员的人抛出橄榄枝，激发他们的热情，帮助他们找到脱离当前岗位的方法。发现那些能力出众但是对现任管理者感到不满的人，培养他们，即使你目前还不需要他们。当你真正需要他们时，如果你已经与他们建立良好的关系并且他们信任你，邀请他们加入就会容易得多。

激励大家，不必选择令人不快的方式。不要专注于为什么某些人把事情搞砸了，而是专注于他们能把什么事情做好，以及他们的才能在其他哪些方面能得到最好的发挥。持续关注组织情况，看看是否有他们可以填补的空位（并且你有权限调动）。专注于积极的一面对个体有好处，意味着你可以让他更快地成长，与关注消极的一面相比，这样少一些矛盾。

任命和晋升

运用你的人际关系网络。了解你感兴趣的任务会在何时何地出现，在大多数情况下，早期阶段的预算很少，你需要依靠自己的努力来应对情况。要贡献你的时间，确定项目范围以满足你的需求。如果项目结果是你想要的，那么在这个你为自己量身打造的项目里，你就会成为元老。让你未来的潜在上司知道你对为他们工作有多兴奋。

寻找后盾。通往高层的捷径是追随一个潜力巨大的高管：他们也需要一个可以信任和依赖的团队。如果你很聪明，你会有不止一个后盾，这样如果你的主要后盾出了问题或离开组织，你也不会孤立无援。在业余时间自愿做有趣且零散的工作，是获得高层注意和赞赏的捷径。

尽早与上司设定职业期望，然后不断加深上司对你职业规划的印象。核心议题是"我该做什么才能晋升"，上司通常不喜欢被这样追问，但这样对话有以下 3 点好处。

- 澄清可能模棱两可的内容。
- 让上司认真对待你的职业前景。
- 让上司在时机成熟时很难不使你得到晋升。

管理上司以及难应对的人

在扁平化组织的新世界中，你不得不与比你拥有更多权力和影响力的人一起工作。你必须找到一种能够积极影响他们的方法。

也许你管理的最有权力的人是你的上司。上司总是令人捉摸不定。你永远不会找到一本你上司的行为说明手册，当事情出现问题时，也永远是你的错。你对你的上司几乎没有权力，但你的上司对你有很大的权力。换言之，上司是培养你自身影响力技能的完美人选。如果你能很好地影响你的上司，你就可以影响其他有影响力的人。

在本节中，我们将了解以下几点。

- 管理你的上司
- 对你的上司（或其他任何有影响力的人）说"不"
- 管理不讲理的上司
- 与不讲道理的同事相处
- 影响高层管理者

管理你的上司

在职业生涯的某个阶段，我们几乎都会遇到糟糕的上司。这不是一个愉快的经历。你的上司可能有错，但这并不重要：你的上司有权力，而你处理问题。好消息是，如果你学会管理你的上司（你对他几乎没有影响力），你就可以管理任何人。

你的上司有权力，而你处理问题。

一个好的出发点是通过上司的角度看待世界。如果你有团队，从你的团队成员的角度思考自己的追求是什么，而那可能也是你的上司想要从你身上获得的东西。以下是上司通常希望在团队成员身上看到的品质。

- 可靠
- 诚实和忠诚
- 主动
- 勤奋

这些要求并不高，但许多人倒在此处。

管理上司的基本原则很简单。

- **可靠。**你必须提供很好的业绩。无论你在政治技能方面有多高明，如果你完全无能，那么任何东西都无法拯救你。出色的管理既关乎风格，也关乎具体行动。

- **设定良好的期望并深入沟通。**这是可靠性的另一面。可靠不仅意味着要实现期望，还要求你管理期望。任何上司都不会完全了解你的能力。他们不完全知道你能接受的工作量，因为在当今的组织中，许多工作的性质都是高度模糊的。你必须告诉上司你能做什么、你不能做什么、什么时候需要帮助、什么时候你过度劳累或工作强度不足。尽早与上司设定这些期望，这样对上司来说就不会有意外：上司讨厌意外，意外很少是好事。如果出现问题，请尽早阐明，以便采取补救措施，也避免小情况变成大危机。

- **忠诚。**大多数上司是相当宽容的。他们知道事情难免出错。虽然很多过错可以原谅，但是背叛不在其中。一旦上司不再信任你，那么你们分道扬镳只是时间问题，而且这样通常对你不利。不忠诚不仅是在背后捅上司一刀，也包括在关键时刻不支持上司、说上司的坏话，或言行不一致。保持忠诚可能很痛苦，但它对职业生存至关重要。忠诚的本质是信任。我们将在后面看到信任等式，它指出信任是关于联盟（我们是否拥有相同的价值观和优先事项？）和信誉（你能兑现你所说的吗？）的函数。一旦建立起信任的纽带，任何管理者都会希望

> **虽然很多过错可以原谅，但是背叛不在其中。**

你能留在团队中。

- **主动。**要积极主动。即使你没有发现问题，上司自己也有很多要处理的问题。在遇到问题和挑战时，你可以向你的上司提出来，同时提供解决方案。即使这不是最佳解决方案，上司也会因此感到欣慰。

- **勤奋。**上司知道谁付出了额外的努力，谁没有。并非所有工作都是光鲜的，日常的管理工作可能很乏味。你对上司的帮助不仅要体现在光鲜的事上，还应该体现在处理这类微不足道的小事上。这样你的上司才有时间去做其他事情。

- **适应上司的风格。**如果你不喜欢上司的风格，那是你的问题，而不是上司的问题。你必须适应上司的风格。如果上司喜欢细节，讨厌风险，需要频繁确认最新进展，而且上午状态最好，那就设置早起的闹钟，满足上司的需求。如果你的上司注重大局和目标，并且在傍晚时分状态最好，那么你就有一个很好的机会来了解不同的工作方式。

对你的上司（或其他任何有影响力的人）说"不"

如果你想掌控自己的命运，你必须能对你的上司说"不"。如果你做不到，那么你就会任由上司的心血来潮和个人判断摆布。如果你的上司是善良的，也有良好的判断力，你会发现自己在制订正确的计划，解决正确的问题。但是，说"不"在你漫长的职业生涯中不会总是给你带来回报。这是一门必须学习的艺术形式。

对上司说"不"比拒绝组织内其他部门的想法更难。忽视你的上司比忽视你的同事更难。如果你和上司关系密切，那么直截了当并不是坏事：说"不"并用上司理解的方式解释原因，让他们意识到不这样做是为他们考虑。

如果你想这样做，请清晰地了解停止行动的风
险和后果，也要想办法提出替代方案。保持积
极是很有必要的，尤其是遇到负面信息时。除
了问题，还需要提供解决方案。

> **保持积极是很有必要的，尤其是遇到负面信息时。**

因此，你需要和上司一起处理这个问题。这场博弈的关键是找到说
"不"的方法，而不是真正说"不"。说"不"的最好方法是热情地同意上司
的意见，并开展一场名为"我们如何为成功做好准备"的对话。

你的上司会很愿意进行这场对话。通过提出正确的问题，你将得到以下
两种结果中的任意一种。

1. 你确实会为成功奠定基础，同时你会悄悄地放弃最初的怀疑并接受
   挑战。
2. 你的上司会发现这个想法确实没有那么好，会听从你的意见放弃它。

无论哪种结果，都是对你有利的结果。这场对话可以依照成功的项目管
理的4个条件展开。

- 找到正确的问题并解决。
- 找到合适的后盾。
- 聘请合适的团队。
- 拥有正确的流程。

这是一个完全积极的讨论，比直接对上司说"不"的风险要小得多。如
果你拥有正确的问题、合适的后盾、合适的团队和正确的流程，你就具备了
迎接挑战的可能性。如果你和团队发现这些条件还没有被满足，你们可以就
满足条件或改变方向展开富有成效的讨论。

管理不讲理的上司

严苛的人不一定是坏人。正如我们所看到的，所有领导者都需要在某个时刻变得严苛。

面对严苛的上司时，你需要区分，他是风格比较严苛还是为人比较严苛。通常，你会发现有两种类型的严苛上司：对实现个人目标严苛的上司和对实现组织目标严苛的上司（见表 4.2）。与这二者合作可能都让人感到不舒服。知道你正在和哪一种严苛的上司一起工作很重要。

表 4.2　两种类型的严苛上司

对实现组织目标严苛	对实现个人目标严苛
有选择地斗争：为重大利益	争夺所有利益
对目标坚持，对手段灵活	对目标和手段都一成不变——"只能依照我的方式"
注重业务需求	处理问题和挑战时加入主观因素
着眼未来，共创双赢	创造互相责备的文化，非输即赢
施加压力但给人机会	打压下属，制造恐怖气氛
言出必行	言而无信
持之以恒地追求目标：值得信任	根据个人需求不断更改目标
对组织和自己都有远大理想	只对自己有远大理想

管理适度严苛的上司

通情达理的管理者往往很容易相处。他们设定了合理的目标，并期望你按部就班地工作。只要你不出错就没事。选择性严苛的上司则会有更高的期望。他们希望你取得更多成就，会给你和团队施压。不过，在如何实现目标这点上，他们会给你更多的自由：流程合规性不在他们的优先事项列表中，如果你偶尔出错，只要他们相信你仍然有能力取得最佳业绩，他们就更有可能原谅你。

如果你为这样的上司工作，你需要遵循已经阐述的所有管理上司的基本原则。此外，你还需要有更出色的表现。这不是坏事，因为你可以拓展自己，你会学习和成长。你的上司通常会支持你。

你所面临的挑战在于，你的上司在奖励和信任方面是否值得信赖？你已经付出额外的精力，学习并成长；而你的上司会给你回报，还是觉得你所做的一切都是理所当然的？为了帮助你确定这一点，你可以观察上司的行为而不是听他们的言论。如果你的上司有在关键时刻支持团队成员的良好记录，你就可以相信他们所说的话。如果你的上司更专注于任务而不是团队，那就要小心。你可能喜欢学习和拓展自己的过程，但你的职业生涯不会有很大的发展。留意是否有其他上司可以为你提供更多帮助。本章"管理你的职业生涯：职业生涯既是名词也是动词"一节中将介绍这一点。

管理极度严苛的上司

极度严苛的上司通常是你所在组织的权力巨头。与这样的人打交道的最简单方法是：按照他们的规则行事。当然，你需要判断他们是否能成功、是否值得信任。如果你认为他们可能失败、可能离开，或者你不信任他们，那么你就会面临一些艰难的选择。

在短期内，你必须与他们为伍。陷入愤怒、沮丧和抑郁的负面情绪是没有用的。你的业绩会受到影响，他们会变本加厉。你最终会陷入恶性循环，不得不退出组织。记住，你的首要目标是生存。

你的首要目标是生存。

与这样的上司相处有一些简单的生存技巧。

- 不要往心里去。无论上司对个人有多么冒犯，都不要往心里去。与上司一起专注于解决方案、行动和未来。通过不懈地做榜样，将上司的计划转化为关注解决方案、行动和未来。

- 静观其变。公司人事变动非常快，很少有上司能留在一个岗位超过一两年。你可以从不同的上司那里学到很多东西，哪怕全是负面的教训。

- 准备逃生路线。在组织中寻找其他后盾以及其他机会，并在正确的时间努力争取。向你的上司解释，你只是在寻找合适的个人发展机会和积累经验。

所以，你可以选择留下，熬走上司；或者争取时间，优雅地以自己所定的条件找到另一个上司，跳槽到另一个部门或组织中。

与不讲道理的同事相处

组织并非总是幸福的家庭。即使是家庭，也不是每个家庭都是幸福的。你会遇到一些同事，他们认为组织中的政治就是背后捅刀子、拉帮结派、让别人看起来很糟糕、时刻吹嘘自己。他们会为了成功而毫无愧疚地进行欺骗，因为他们经常欺骗，所以他们长于此道。他们似乎缺乏任何道德标准或良知。他们是反社会者。丰富的统计数据显示，英国的企业中有多达 5% 的员工可能有某种程度的反社会倾向。虽然这是一个很小的比例，但这些员工会对组织和你产生不成比例的影响。

当面对挑战时，人很容易做出情绪化的反应。如果你这样做了，你就输了。如果你以牙还牙，你就是在以他们的方式进行反击。他们更精于此道，必定会赢。而如果你逃跑，你就会成为新的受害者，会再次失败。所以，你不能针锋相对也不能逃跑。那么你可以做什么？

首先是控制自己的反应。请记住，你永远可以选择自己的感受和反应。

如果有人不断冒犯你，你完全有权感到愤怒和不安，但是没有法律规定你必须感到愤怒和不安，那是你自己的选择。

如果你关注他们的行为，很难不做出情绪化的反应。因此，你可以选择专注于手头的工作和问题。这很可能让他们感到气愤，因为你不按他们的套路出牌：他们想让你把注意力从一个问题转移到另一个问题上。如果你保持积极和专业，也会让他们感到气愤，因为这不是他们喜欢的反应。树立良好行为的榜样，专注于核心问题。这是你的领域，即专业管理的领域。只要你坚持这一点，那些反社会者就会觉得度日如年。

表4.3总结了不同的反应方法及结果。请记住，你可以选择如何反应，所以要选好。

表4.3 不同的反应方法及结果

类别	被动受害者	自信领导者	好斗的反社会者
特点	允许他人替你选择；拘谨，注定失败	自主选择；诚实，自我尊重，争取双赢	替他人选择；无法无天，自我膨胀；"我赢，别人输"
你自己的感觉	焦虑、被忽视、被操纵	自信、自我尊重、专注于目标	自满、有优越感、喜欢控制他人
你给他人的感觉	有负疚感或优越感，令他人苦恼	有价值且得到尊重	丢脸且充满怨气
你在他人眼里的形象	不受尊重，不知道自己的定位	受尊重，知道自己的立场	爱报复，让人害怕、愤怒、难以信任
结果	失败且要付出代价	谈判取得双赢	获胜但以牺牲他人为代价

影响高层管理者

与高层管理者打交道时，有些人很容易产生"高原反应"：呼吸急促、头痛以及产生类似恶心和晕眩的感觉。它们可能给你的职业生涯带来致命的后果。其实完全没有必要有这些感觉。

- **从高层管理者的角度看世界。** 高层管理者需要你。你的一些想法、分析或计划可能对他们有所帮助。确保你的想法足够宏大，能够引起他们的兴趣，或者至少符合他们正在构想的宏伟计划。事先进行研究并听取别人的意见，了解高层管理者的计划是什么以及你的想法如何与之相吻合。如果你只有减少回形针消耗的计划，请不要指望这会引起高层管理者的太大兴趣。他们关心的是其他事情，大胆假设才会有所回报。

- **积极向上，甚至充满激情。** 在一些组织中，激情可能被视为一种精神疾病。但是同样，大多数组织和大多数人根本无法抵抗激情，因为这是有感染力的。如果你对你的想法充满激情，别人会倾向于相信你的想法是好的。如果你对你的想法缺乏激情，那么不要指望别人会对你充满激情。在一个高层管理者习惯于处理问题的世界里，一个充满激情、积极向上的人带来解决方案和想法，会是一股新鲜空气。他们不仅会从你所说的内容，还会从你的外表来评判，所以要注意你的言论和外表。

- **充当高层管理者的合作伙伴。** 如果你表现得像个下属，高层管理者就会把你当成下属对待。所有的组织结构都包括一系列的上下级关系，这对于上级来说很好，但是思想成熟的成年人不喜欢被当作下属对待，这是许多职场功能失调的原因之一。表现得像高层管理者的合作伙伴一样：你有他们需要的东西。即使你正在寻求投资，你也拥有他们需要的东西。你有一个很好的投资项目，他们应该为你把投资项目带给他们而感到幸运。你不是关系中的恳求者、供应商或下属，你是他们的合作伙伴，要扮演好这个角色。

- **掌握汇报技巧。** 汇报技巧越娴熟，你就会越自信、越放松。掌握汇报技巧不仅是掌握所有细节，还意味着掌握高层管理者的所有需求。你要了解他们的大局是什么，以及你在其中的位置，并想好他们会问什么样的问题。他们将专注于大的方面，而不是细节。如果只关注细节，你很可能被他们关于大局的问题弄得不知所措。

- **做好准备。** 你永远不知道什么时候会碰到一位高层管理者。如果你愿意，你可以聊聊天气。但是，如果你做好了准备，你可以和他们讨论你计划中的实质性内容（见下面的专栏示例）。

"仙后"突袭

我当时正在研究一种名为"激爽"的香皂，专注于自己的业务。突然，一个身影出现了。那是CEO尤尔根。他正在巡视：四处走走，看看营销人员的工作情况如何。所以，他问我过得怎么样，我说了一些无关痛痒的话。他走入下一个小隔间，那里坐着仙子洗衣液（Fairy Liquid）的经理。

CEO问她过得怎么样。她提起了精神说："尤尔根，我真的很高兴你来了，因为我正在寻求一些建议，关于我们正在策划的新促销活动……"CEO很高兴能帮助这位"仙后"，因为他是做销售工作出身的，非常希望表明自己仍然是这方面的专家。

在CEO造访后，"仙后"颇具争议的促销方案在创纪录的短时间内获得了所有部门的批准：没有人会反对CEO。而几个月后，我那更低调的方案还在系统中走流程。"仙后"把CEO当作合伙人，而不是老板；当他来的时候，就马上准备出手。

在和高层管理者打交道时，要像合作伙伴一样行事并随时准备出手。

管理你的职业生涯：职业生涯既是名词也是动词

对一些人来说，职业生涯是一个名词：它描述了从热情洋溢的毕业生到退休人员的稳步发展过程，心存感恩的雇主还会送给你一个旅行钟，以纪念你 40 年的忠诚服务。

对另一些人来说，职业生涯是一个动词，描述了在不同岗位和雇主之间经历的那种坐过山车的感觉：高峰低谷各有呈现，退休时没有旅行钟作为纪念，只留下很多回忆。

无论你选择哪一种，你都需要管理好自己的职业生涯。即使是最出色的管理者，对自己职业生涯的管理也可能不尽如人意。每当有成就不如他们的同事不断超越他们升入高层时，他们就会感到沮丧。你只要有一点政治商，就可以很好地管理你的职业生涯。职业生涯管理不能代替出色的业绩，但它可以确保你会因为业绩出色而获得认可。

> 职业生涯管理不能代替出色的业绩，但它可以确保你会因为业绩出色而获得认可。

下面的专栏总结了管理职业生涯，或者说在职场闯出一片天地的成功经验。

管理职业生涯

- 找到你的使命：你只会擅长做自己喜欢的事情。
- 找到合适的组织：制胜和价值观。
- 找到合适的角色：去有机会的地方。
- 找到合适的上司：避开"死星"①。

---

① 死星（Death Star）指电影《星球大战》中的超级武器，代指强大、可怕。

- 找到合适的岗位：扬长避短。

- 建立你的人际网络：始终要有备选计划。

- 培养你的技能：活到老，学到老。

- 建立你的声誉：然后好好利用它。

- 扮演角色：然后成为角色。

- 掌控自己的命运：否则，别人会掌控你的命运。

下面我们来详细讨论上述各个方面。

找到你的使命

管理是一项艰苦的工作。它偶尔也令人感到兴奋、刺激，甚至令人恐惧，但往往很枯燥。在遇到真正的关键时刻时，我们都可以在几周甚至几个月内保持旺盛的精力。但职业生涯不是短跑而是一场马拉松，你必须几十年如一日地保持旺盛的精力，而不是保持几天。你必须不断地投入、自发地努力，而只有享受现在的工作，你才能做到这一点。

享受和工作这两个词很少同时出现。整个工作与生活的平衡体系都是基于一个隐含的前提，即工作并不愉快，应该减少它。你上一次听到追求工作与生活平衡的专家提倡更多地工作是什么时候？

享受工作不像享受社交。它是指在工作本身中找到成就感和满足感。一个简单的测试是看看时间流逝的速度有多快。当你感到无聊时，一小时长得像永恒；而当你全神贯注于某件事时，时间过得飞快。当你沉浸于工作时，你已经迈入为自己的工作找到意义和满足感的行列。这种成就感不一定来自改变世界。看看工匠们的工作：他们经常全神贯注于他们正在做的事情，对外界视而不见。无论你的使命是什么，你都要找到它。

在与高层管理者共事和对他们进行访谈时，我经常听到他们抱怨自己有多辛苦，经常工作到深夜还要长途跋涉去出差。但这只是一个表象：这是他们炫耀的方式。你只要稍微努力地倾听，就会发现他们享受工作时的每一分钟。他们最大的恐惧是退休，因为那是他们失去意义和目标的时候。顶级运动员也是如此。他们可能抱怨长时间和无休止的、枯燥乏味的训练，但世界上也没有其他事情是他们愿意做的。

当然，达到巅峰并做到最好需要努力。只有当你喜欢一些事情时，你才能做到。你只会擅长做自己喜欢的事情，所以你应该找到你喜欢的领域。

找到合适的组织

正如没有完美的管理者，完美的组织也不存在。你总是需要做出一些权衡。而且，让事情变得更加困难的是，你事先永远不知道自己会面对什么样的陷阱，等你发现为时已晚。任何雇主都喜欢向世界展示其最好的一面：只有当你加入时，你才会发现真实的情况。山另一边的草总是看起来更绿，但请记住，雨水最多的地方，草才最绿。你不可能拥有一切。

知道自己要寻找什么，你就能化不利为有利。

- 公司会成长还是失败？
- 我会获得有用的技能吗？
- 我以前的业绩会得到认可吗？
- 这里的文化适合我吗？

请注意，薪酬并不在列表中。如果你根据明年薪水提升 10% 来决定你的职业生涯，那么你就大错特错了。如果薪水很重要，请从长远角度出发，问："我怎样才能在 10 年内获得目前薪水的 10 倍？"这会让你更好地审试眼前的各种机会，以及知晓要做什么才能成功。如果实际收入没有逐年递增的机会，那么今天额外增加 10% 的薪水对你而言根本不重要。

公司会成长还是失败

让我们假设你有两个选择：加入在不断萎缩的市场中，市场份额不断下降的 X 公司；或者加入在不断增长的市场中不断成长的 Y 公司。假设其他条件（如工资）相同，你很快就会明白应该加入哪家公司。哪里有增长，哪里就有机会；哪里有下降，哪里就有风险。对公司进行战略分析：它是否有领先的竞争优势？它是否在一个不断增长的行业中？要透过公司的公关报告，对它的前景做出自己的判断。要自己独立进行研究：向在这家公司工作过的人，或者在这个行业工作过的人打听这家公司。寻找行业和媒体报道。只要开始寻找，你就会找到很多独到的建议。

我会获得有用的技能吗

职业保障不再来自雇主，而是来自你的就业能力。如果你有合适的技能，并能时刻更新他们，你就会很受欢迎，可以发展自己的职业生涯。如果没有合适的技能，你就只能依赖雇主的善意。这会让你处于十分尴尬的地位。

不仅要问自己"我具备在这个组织中取得成功的技能吗"，还要问自己"我是否为我职业生涯的下一个阶段、下一次晋升做好了技能层面的准备"。技能决定你的前景，因此请确保你有机会在未来提升自己的技能水平，并能利用好现有的技能。

我以前的业绩会得到认可吗

如果你加入某个低调但是卓越的企业并为它做出过重大贡献，那么你完全有理由为自己的成绩感到自豪。但是你可能很难说服一个从未听说过该企业的未来雇主，让他相信你在那里取得的成绩。相反，如果你加入过高盛（Goldman Sachs）、麦肯锡（McKinsey）、谷歌（Google）或宝洁（P&G），你的简历会立即获得高星级评价。你会发现未来雇主很容易认可你在顶级公司中取得的任何小成就，而且他们会非常乐意雇用从顶级公司出来的"星尘"。

有一点不可避免，结局可能不尽如人意。顶级雇主会让你的简历熠熠生辉，但一旦离开这些雇主，你就很难回头。孤注一掷的办法只能使用一次，因此请确保使用它是出于正确的理由，以及它被用在正确的时间。

这里的文化适合我吗

沃伦·巴菲特（Warren Buffett）说过："我发现，当一位声誉良好的管理者加入一家声誉不佳的公司时，保持不变的是公司的声誉。"不要指望你的加入能改变公司的文化。我曾经被邀请加入一家机械企业，为它注入企业家精神，但最终的结果是这个企业的官僚主义依旧盛行，企业也一如既往地取得成就。

这让我们回到了"享受"的主题：你只会擅长做自己喜欢的事情，所以确保找到一个你可以从中获得快乐的工作场所。

这与工作本身有关，也与你将和哪些人一起工作有关。

> 你只会擅长做自己喜欢的事情，所以确保找到一个你可以从中获得快乐的工作场所。

你还是需要做研究，与曾经在这家公司工作的人交谈，了解他们的想法。不要因为招聘人员对你所说的话而动摇：他们正在向你展示他们最好的一面。而且，即使见到了未来的直线经理，也要认识到直线经理也会来来去去。

找到合适的角色

显然，合适的角色必须是你喜欢并能让你发挥优势的角色。它也应该是能让你发展职业生涯的角色。这会将你引向两个相反的方向。

- 进入权力的核心：在总部，你可以接触到所有权力人物，并让他们了解你，但你很难脱颖而出。权力吸引人才就像花蜜吸引蜜蜂一样，你将处于激烈的竞争之中。
- 前往集团的前哨：在这里，你可以自由地体验，不断成长，并让自己声名鹊起。但是，除非你时刻留意，否则你将脱离权力和联络圈。

以下是一些管理得失的办法。

权力是集团的核心

处于集团的核心会给管理者带来巨大的优势，包括以下几点。

- 获得非正式信息和知识。
- 频繁非正式地接触关键决策者。
- 能建立一个广泛的关系网，将掌权的管理者收入其中。
- 尽早发现有吸引力的项目和职位。
- 让高管知道你的存在。
- 深入了解组织的真正重点和决策过程。

这些优势不会以礼物的形式出现在你面前，等你到达总部的那天它们也不会在你的办公室里等着你。你必须努力建立你的非正式关系网络和知识网。至少你有机会建立这些非正式网络，而且与那些每季度只去总部参加一次会议或评估的集团的前哨的人相比，你能够更快地建立这些非正式网络。

在总部拥有自己的办公室并不能保证成功。有些职能和角色比其他职能和角色更重要。从职业角度来说，身处权力的核心很重要。权力的核心因组织而异，以下是一些示例。

- 宝洁（P&G）：市场营销部。
- 通用（GM）和福特（Ford）：财务部。
- 戴森（Dyson）：设计部。
- 专业服务公司：客户。
- 丰田（Toyota）和日产（Nissan）：工程部。

权力始于做出正确的职业选择。一些组织刻意培养未来的领导者，在他们职业生涯的早期就将他们置于权力的核心，英国石油公司（BP）选择高潜力的毕业生，让他们在 CEO 办公室工作一到两年。在那段时间里，他们将了解组织的真正运作方式，建立自己的关系网络和影响力，开始学习高层管理者如何思考和行动。这些都是极其宝贵的经验，但是想要获得这种机遇并不容易。

处于权力核心的主要缺点是竞争激烈，你的同事是你最致命的竞争对手。管理者被权力吸引，就像飞蛾扑向光明一样。在任何公司总部随意走上几圈，你都能看到许多管理者在围绕不同的光源和权力之源飞舞。所有人都试图尽可能地接近最亮的那盏灯。许多飞蛾不可避免地在这个过程中被烧毁。稍后，我们将研究在你识别出权力后如何去获得它。

集团的前哨的权力

前往集团的前哨站看似被"流放"，职业生涯也因此岌岌可危。如果处理不当，结局就是这样。但如果处理得当，集团的前哨也可以成为通往成功的重要跳板。

前往集团的前哨其实是件好事。一名中层管理人员可能迷失在竞争激烈的总部办公室里，而了解竞争战略的管理者会认识到，获胜的最佳方式是避免斗争：占领新的领域（即普拉哈拉德和哈默所说的"空白区域"或者钱·金所说的"蓝海"）。这些前哨通常是有吸引力的职业跳板，原因如下。

- 它们提供了行使真正权力的机会：在前哨，你会拥有真正的权力和责任，而不像在变数很多的总部那样只有有限的权力和责任。
- 它们提供快速发展的机会：在远离总部聚光灯下的激烈竞争和流言蜚语后，你可以多做尝试，甚至偶尔失败。
- 它们提供让你获得良好业绩和信誉的机会：通用有许多被称为"柠檬水摊"的较小的业务部门，它们为潜在的总经理提供了培养和展示其能力的机会。
- 一旦成功，你就有机会建立自己的权力大本营和集团：一个不起眼的工厂可以凭借自己的力量快速成为一个战略企业。IBM 的主营业务是大型主机，它的个人计算机业务靠主营业务生存下来，但其迅速从一个不受欢迎的孤儿变成一个明星，最终被联想收购。

前往集团的前哨就像通往喜剧或悲剧的单程票。为了避免悲剧的发生，你需要遵守 3 个黄金法则。

1. 不要相信任何承诺。当上司与你商谈要将你派遣到前哨时，你可能努力让对方承诺你回来时能得到什么，比如 3 年后你的职业机会和晋升。此时你们的承诺一文不值，3 年后，组织将经历一两次重组。

你所期待的空缺会彻底消失在组织的黑洞中，你的上司可能早就换人，你的新上司不会全力以赴地去实现并非由自己做出的承诺，而且这些承诺在新组织中也无法兑现。与其指望他人遵守数年前做出的承诺，不如亲自创造自己的未来。

2. 保持联系。要保持自己在公司的曝光度。在集团的前哨，你与流言蜚语、权力网络、新机会、重组和新项目都断绝了联系。人们会忘记你的存在，因为他们再也没有在走廊里看到你。因此，请确保你能找到充分的理由回到集团的总部参加预算会议、培训活动和公司活动。自愿参加公司的项目，以保持曝光度，并让别人知道你已经回到总部。与人力资源部门和权力巨头保持联系，因为他们知道何时会出现哪些空缺岗位，确保在总部出现有吸引力的职位空缺时你能顺利返回。

3. 管理认知。身处集团前哨的好处是，总部中没有人真正了解那里到底发生了什么以及为什么发生。当然，这也是一个坏处。总部的工作人员看到的只是数字，以此确认你的预算是否超支。这让认知管理变得至关重要，也使得在年初将预算基线设置得尽可能低至关重要。只有这样，集团的领导者才能看到你所在部门做出的改善。

日本情况不同

我被派往日本时，心中充满希望。但抵达之后才发现，我们在日本的业务没有销售量、没有收益、没有销售前景，却有大量需要支付的账单。新泽西州总部中没有人知道日本的业务发生了什么。我开始怀疑自己是否也会没有头绪。

我很快意识到自己有两场仗要打。

1. 管理好日本的业务，快速获得收益。

2. 管理好认知：设定期望，给总部的高层们讲述一个故事。

故事很简单：在日本收购一家体面的企业至少需要花费 1000 万美元，并可能出现与我们的商业模式不符所带来的各种风险。如果换一种方式我们可以做得更好：在 3 年内，我们将建立一个与新泽西州总部商业模式相符的企业，只需花费 600 万美元，即每年 200 万美元。

出于未知的原因，他们接受了这个故事。我们就这样得到了每年在业务上亏损（对不起，应该是"投资"）200 万美元的许可。我们重新设定的期望非常低，并给出了一个说法。高层们接受了这个说法，而我们也能实现自己的目标。

在接下来的 3 年里，我们成为"空中飞人"，积累的航空里程数简直多到可以让几家航空公司"破产"。管理认知和保持联系需要付出巨大的努力。

管理全球化的职业生涯

1. 做好功课。尽职尽责。了解业务的真实情况，你将与谁合作，你的角色是什么，你将拥有多少预算和权限。如果你不喜欢你所了解到的情况，要么协商，要么放弃这个机会。

2. 与家人协商。去海外工作对你来说可能是一次伟大的冒险，但对于被困在家里无法工作，无法用当地语言交流的配偶来说则不然。

3. 谈判。比薪酬和工作条件更重要的是，在角色、预算和业绩期望方面为成功做好准备。你的态度要强硬，在你同意赴任的那一刻，你就失去了所有的谈判资本，只能全身心投入。

4. 不要相信任何承诺。3 年后，你的上司可能已经调离，组织可能已经进行两次重组。你的新上司无法，可能也不愿意遵守他们一无所知的承诺。

5. 了解你的角色。你的工作是在当地代表一家全球性公司的标准、知识和专业性，你必须将你的全球化管理能力"嫁接"到对当地人的了解上。

6. 重塑自我。到了新的国家，无须背负过去的包袱。这是你进行尝试的好机会，从一开始就抓住机会。在一个月内，每个人都会对新环境中的你有一个了解。你会获得全新的装备。

7. 要灵活。你会发现异国的食物、习俗、商业惯例和语言的不同。走出外籍人士的圈子，适应当地的生活方式。你会学到更多，可能享受更多。

8. 反复沟通。一旦你"消失"在地球的另一个地方，就可能被遗忘。你必须管理你的声誉，汇报你的业绩并持续推销它。

9. 保持曝光。找理由继续参与总部的各种活动。总部总有一些工作、研究和新项目需要全球的投入和支持。找到机会让权力巨头想到你的存在，让他们知道你工作得非常出色。

10. 了解任职流程。从理论上讲，人力资源部门会提供帮助。在实践中，你必须自己帮助自己。你需要尽早发现有吸引力的空缺并为它们做好准备。可以肯定的是，总部的大多数同事会因为你不在而暗自窃喜，因为他们有机会慢慢挑选岗位。

找到合适的上司

大多数职业悲剧来自有一个糟糕的上司。作为一名教练，这是我发现许多客户挣扎的地方：如何应对一个问题上司。许多人不是离开他们的雇主，而是离开他们的上司。我们研究了如何应对一个糟糕的上司。但即便是应对糟糕上司的最好办法，也无法确保你有一个好上司。预防胜于治疗。

你可以将选择上司的权力交给人力资源部门和分配系统，任由对方安排，这被称为听天由命。但希望不是方法，运气也不是策略。至少，你应该投出对自己有利的骰子。

希望不是方法，运气也不是策略。

在实践中，每个人都知道谁是糟糕的上司。他们恶名远扬。而且，你可能认识一些你信任并希望为之工作的上司。所以，现在你必须确保你被选入合适的团队。

首先，要让自己对潜在的好上司有价值。上司们总是需要有人帮助他们出谋划策、起草演讲稿或者向他们提供所需的信息。你要主动去努力。对上司正在做的事情表现出兴趣，也许可以向上司寻求一些建议。与上司和榜样互动，显示自己能够成为一个出色的团队成员：积极、热情、主动和注重行动。他们会注意到这些，当下次组建团队时，会希望你能加入。

同样，当"死星"上司正在寻找受害者时，不妨学学哈利·波特，披上隐形的斗篷。你可以表现得非常忙碌，在你现有的工作中你似乎不可或缺。"死星"上司会忽略你，转而寻找更容易得手的受害者。

你不可能总是遇到你想要的上司。当你最终遇到一个糟糕的上司时，不要惊慌。请记住，没有上司会一直待在一个地方，而且，即使是糟糕的上司，你也可以从他身上学到东西。他能成为上司一定是有原因的：他会做一些组织重视的事情。而许多教训可能来自你不想做某事。理解了这一点，你将更好地理解如何成功。

找到合适的岗位

如果你知道找到合适的组织、角色和上司的原则，那么你就已经知道找到合适的岗位的原则，如下所示。

- 积极主动：不要等待被分配岗位，而是寻找自己想要的。

- 寻找一些你可能喜欢的事情以及一位好上司。

- 发挥你的优势，并不断提升它。

最后一个原则很微妙。任何雇主都希望你将所长用到极致。我有一个团队成员，他为一家人寿保险公司的 IT 投资项目做了出色的商业案例分析。他在这方面做得非常出色，结果许多客户与他签署了数百万英镑的投资协议。所以，在接下来的 3 年里，他为不同的客户做了完全相同的事情。他声名鹊起，但他的职业生涯停滞不前，因为他被束缚在一个默默无闻的技术专长领域。他本人乐此不疲，因为他处于自己的舒适区。他知道自己可以成功，因为每个人都喜欢他所做的事情，他不必去冒险。

你需要发挥自己的优势，建立自己的声誉，但你也需要为未来不断提升你的技能水平。

准备好开始自己的冒险，尝试新的事物，否则你会停滞不前。在接受新任务时，要关注现在，也要着眼未来。

泰国木薯粉项目的考验

我即将完成一项任务。我小心翼翼地寻找还有哪些任务正在进行。我惊讶地发现，对分析师极为严苛的丹尼尔（Daniel）给出了一个项目：对泰国木薯粉市场进行竞争力分析。

对于这种几乎是明目张胆的工业间谍活动，而且需要使用我不太会说的语言和进入我不熟悉的行业，我并不太热衷，我讨厌木薯粉。我看到一场噩梦正在逼近。我还发现了一个沙特阿拉伯的营销项目（以下简称"沙特项目"）。由于很多人对此不是很感兴趣，所以找到派遣人员也不是件容易的事，但是项目经理很棒。因此，我很快表现出对沙特阿拉伯的一切都怀有无限热情。我帮助项目经理起草了最终提案来减轻他的压力。与此同时，每当泰国木薯粉项目召开会议时，我都神秘地忙碌着：我的猫要死了（再次），或者我会突然与我现有的客户举行紧急会议。我告诉沙特项目的项目经理我想和他一起工作。对于任何能为他解决人员配备问题的方案，他都很高兴，更不用说配备的人员是我了。

不知不觉中，我躲过了泰国木薯粉项目，参与到沙特项目中，此后发生的一些事情让我一直希望泰国木薯粉项目至少会像我担心的一样糟糕，但这件事就另当别论了。

建立你的人际网络

我们的最终驱动者是市场的无情需求，而直接驱动者是我们的上司。我们和上司的关系并不平等。他们对我们来说非常重要，但我们对他们不那么重要。

当我们完全依赖上司时，我们就成了他们的附属。

为了得到更好的发展，我们需要找到方法，不再百分百地依赖上司的异想天开，还需要一些支持我们的盟友和人际网络。

你的职业生涯关系网：清单

为了茁壮成长，你需要能够提供支持的关系网。根据以下内容检查你的职业生涯关系网。

后盾

这些后盾应该在组织中至少比你高两个级别。对以下这些情况他们都能起到关键作用：推动你的职业生涯朝着正确的方向发展；帮助你找到合适的职位和上司并避开职业陷阱；在你需要推荐项目计划时给你提供政治掩护；让你在需要时能与决策者联系。作为回报，你是他们在组织中的耳目，可以对他们正在测试的想法和正在启动的计划提供酌情的支持和努力。只要你可以继续贡献价值，他们就会为你提供帮助。高管们总是喜欢那些无法威胁到他们的人提供的力量和不同的观点。你可以让他们成为你的私人教练，效果惊人。

消息灵通人士

消息灵通人士会让你知道发生了什么。特别有价值的是那些知道正在出现新工作机会和新岗位的人。人力资源部门有时会知道这些消息，但通常有人早在官方消息出来前就知道内部消息。

局外人

这些局外人可以为你提供离开组织的逃生路线。超过 70% 的高层职位都是通过口碑联系找到人来填补的。如果你知道你可以跳槽，你和上司的关系就会更加平等。如果你无处可去，你就只能依赖他人。投资银行和硅谷的专业人士可以稳挣高薪，一个原因是他们拥有高超的技能，另一个原因是，在相近行业中，他们很容易跳槽到另一个组织：他们不是当前雇主的"契约奴隶"。

归根结底，你的安全感不是来自雇主，而是来自你自己的就业能力。确保你正在为未来培养正确的技能和留下业绩。如果你和上司之间出了问题，这就是你的备选计划。有了正确的技能和正确的业绩记录，人际网络中的人当然会争相聘用你：至少，他们会愿意把你推荐给那些需要你的技能和业绩记录的雇主。

培养你的技能

让我冒险再来重复一遍：你今天需要的技能并非你明天需要的技能。这背后有两个原因。

> **你今天需要的技能并非你明天需要的技能。**

- 第一个原因是，你今天具备的所有技能都会面临被淘汰的危险。所有技能都可能因技术或市场的变化而过时。即使它们没有过时，你也会发现自己会受到具有相同技能的更年轻、更有抱负和更经济的人才的挑战。你的经验会让你暂时具备优势，但竞争会变得越来越困难。
- 第二个原因是，成功所需的管理技能在组织的各个层级都不尽相同。第 5 章对此进行了详细讨论。

在短期内，舒适区内的生活风险很低。你只需要守着目前的技能，发挥自己的优势，就可以安然无恙。从长远来看，舒适区内的生活是致命的。你会发现自己陷入了技能的死胡同，被更经济、更年轻的技能或技术持有者所超越。你必须不断推动自己，拓展自己去学习新的技能，帮助自己建立一个更美好的未来。

建立你的声誉

我们都喜欢认为自己与众不同。没有多少人会承认自己在驾驶、爱情、智力、成就或工作方面低于平均水平。在工作中，我们周围都是与自己能力相似的人。他们认为他们比我们强，我们也认为自己比他们强。这不符合逻辑，但在情感上是不可避免的。

你需要具备一些能让你在同事中脱颖而出的东西，在过度拥挤的晋升通道中，你需要在某些方面具备与众不同的能力。以下是变得与众不同和建立声誉的 3 种基本方法。

- 非凡的成就。这种成就必须明显比你的同事的更好。在销售和交易方面，业绩很容易衡量。在许多其他职能中，业绩要模糊得多。
- 启动项目。大多数组织中时刻存在新的项目。虽然并非所有项目都会成功，但它们可以让管理者在学习和成长的同时建立声誉。
- 着手改变。管理者必须改变一些东西，并对它们不断改进。不改变现状，管理者就只能当管理员或看护人。但仅仅完成改变这项工作是不够的：你还必须持续地做出改进。

一旦你声名鹊起，你就需要抓住机会。否则你会发现很多人都会来分享你所取得的成绩。有几种简单的方法让你宣示自己对成绩的主权。

- 祝贺并感谢大家的贡献。人们喜欢公开得到认可，你在祝贺他们时，也表明你才是领军人物。
- 评估和讨论挑战与经验教训。这需要对项目有一定的了解，而团队中只有你才能做到，这表明你掌控了这个项目。
- 保持掌控，再接再厉。引领讨论，探索如何主动进入下一阶段。这可以让一些人退出。因为这意味着需要更多的工作（他们没有时间），并且需要深入了解正在发生的事情（他们做不到）。

与高层合作也是一种建立声誉的方法。如果给人留下好印象，你就有理由出名；而如果你给人留下不好的印象，你也会声名扫地。高管将戴着有色眼镜，通过他们与你一起合作的切身体会来判断你的过往。如果你给他们留下了好的印象，他们对你的过往成就的评判就会对你有利。否则，他们会怀疑你的成就。这或许不公平，但这就是现实。因此，你必须充分利用这些有限的与高管会面的机会，他们与你有限的直接接触将影响他们对你的判断，而这比人力资源部门的正式评估的影响更为深远。

鉴于关键时刻很重要，请一定确保你执行了以下操作。

- 充分准备给高层的演讲，因为这是你发光的机会，一定要光芒四射。
- 以身作则：积极、专业、主动。
- 寻找机会与高管积极互动。这些非正式的机会随时都有——在会议前后、在会议上、午餐时。不要隐藏，要让自己发光。

晋升委员会：现实与理性

我们面临着堆积如山的晋升建议。有50多份，每份约40页。我们知道每份晋升建议都是对被推荐人的溢美之词。我们需要某种方式来做出决定：只有30个晋升机会，所以会有20多个人落选。

我们竭尽全力去发现溢美之词背后的真相，但不可避免地，我们总是回到两个问题。

1. **这个人真正取得了什么成就？** 每位被推荐人都在资质、团队合作、智力、领导力等方面被打钩，但只有少数人真正取得了我们认可的成就。这些人比较好选。

2. **谁了解这个人？** 通常可以通过简短的互动来了解被推荐人。他们或许做了一个演讲或自愿做某事。如果这是一个正向的反馈，那么推荐材料中对他们的赞扬就比较可信了。反之，我们就要更加仔细地审阅对他们的溢美之词。

在一个人都显得出类拔萃的组织中，这是我们从高潜中挑选出最佳高潜的唯一方法。我们或许对某些人判断失误，并为此付出了巨大的人力成本代价。其余技能同等的条件下，那些高政治商的管理者更容易晋升，他们建立了声誉，维护了声誉，并确保自己在与晋升委员会成员的最短时间接触中给人留下了非常好的印象。

扮演角色

所有组织都像部落，有自己的规则和礼仪，所有成员都必须遵守它们。这些规则因级别和职能而异：销售文化通常与财务文化大不相同，新管理者的文化与董事会的文化不同。如果你想加入俱乐部，你必须表明你了解俱乐部的规则并会遵守它们。我们可以争论这种部落主义是好是坏，但我们仍然必须应对它。这意味着你必须扮演好自己的角色。

扮演既是风格，也是实质。最终，你必须自己弄清楚规则。有些组织仍然认为你必须废寝忘食才能成功；而另一些组织却似乎要求大家舒适随意。这些规则看似很奇怪，但你如果忽视它们就会有危险。

以下是一些常见规则，可以帮助你在大多数场合扮演好自己的角色。

扮演角色

1. 树立榜样。要成为他人的榜样，以身作则。

2. 保持积极。越是困难，积极、自信和乐于助人就越重要。要从那些陷入消极、指责和无所作为的人中脱颖而出。

3. 主动。在别人发现问题的地方找到解决方案，行动而不是分析，然后加倍努力。

4. 赢得尊重。你不需要被所有人喜欢，但你必须被尊重和信任。言出必行，保持诚实。

5. **保持警惕。**不要做蠢事，比如散布八卦、说别人坏话、背信弃义、喝醉、丢失机密数据或沉迷于其他任何有损职业生涯的事情。

6. **注重外表。**人们不会以貌取人，但是会根据你的外表对你做出判断。注意比你高两个层级的人如何穿着，那是你应该模仿的标准。

7. **彬彬有礼。**己所不欲，勿施于人。如果你希望别人对你有礼貌，你要首先对别人这样做。

8. **成为伙伴，而不是仆人。**如果你表现得像个下属，你就会被当作下属对待。你不是仆人，你是专业人士。

9. **追随榜样。**如果你有钦佩的人，以他为榜样。

10. **遵守规则。**这里也包括知道何时可以打破规则。

掌控自己的命运

你永远不需要读的佳作，是诺埃尔·蒂奇（Noel Tichy）和斯特拉特福德·舍曼（Stratford Sherman）所写的《掌握自己的命运，否则别人会掌握你的命运》（*Control Your Destiny or Someone Else Will*）。一旦你读完了书名，你就已经读到这本书最重要的信息。其余就是细节。

这是职业生涯管理的基本道理。即便有时非常艰难，我们也必须掌握自己的命运。如果你的职业生涯出了问题，你很容易对上司的恶行或命运中的阻挠力量感到愤怒。这些都是职业生涯的艰难时刻，我们每个人都会遇到。如果你想找出谁掌控了你的命运，那就照照镜子。

职业生涯对你来说可能是一个动词或名词。无论是哪一种，你都要充分利用它。

获得和使用影响力：成为值得信赖的管理者

政治商的核心是影响力。影响力允许你将你的权力扩展到你的权力范围之外，让你通过利用同事的能力实现更多目标。

影响力不仅关乎你做了什么，也关乎你如何做到。你的行为方式会帮助你或多或少地变得有影响力。最简单的方法是看看周围的情况：看看谁有超出自己领域范围的影响力，看看他们的行为方式。他们是你的榜样。

在显而易见的影响力规则背后，隐藏着一个更深层次的规则：有影响力的管理者才值得信赖。反过来说，如果没有人信任你，你很难具有影响力。缺乏信任的情况下，尽管人们可

有影响力的管理者才值得信赖。

能偶尔不得不和你一起工作，但没有人会愿意和你一起工作。信任是影响力的硬通货：你获得的信任越多，你就越有影响力。

影响力与人缘无关。如果你寻求好人缘，你就会变得软弱；如果你软弱，你就会做出承诺，接受借口，避免对抗。在短期内，你可能拥有好人缘；但从长远来看，你会变得更加弱小和无足轻重。被信任和尊重比受欢迎更好。这是全世界的管理者都要努力学习的课程。

摧毁信任的最好方法是到处说"相信我……"，你不能用口头方式去获得信任，你必须建立信任。以下是让你思考如何建立信任的简单等式。

$$t = \frac{a \times c}{r}$$

t（trust）= 信任，a（alignment）= 联盟，c（credibility）= 信誉，r（risk）= 风险

下面介绍如何应用这些术语。

联盟

联盟是人的本性：我们是否有相似的价值观，我们是否有相似的目标？我们信任和自己一样的人。对保持多样性来说这并非好事，但这是人之常情。在工作中，一些人和你拥有相似的背景、相似的品位、相仿的年龄、同样的性别和种族，与这样的人建立联系往往很容易。

如果遇到一个和你背景截然不同的人，你就很难与他们建立密切的关系。但你可以帮助自己和他们：花点时间倾听他们。让他们谈论他们最喜欢的话题：他们自己。仅仅是倾听就可以帮助你建立联系。在很多人都太过忙碌和以自我为中心的世界里，有人愿意倾听你，并且对你的故事表现出兴趣，是令人受宠若惊的。倾听也会给你有价值的信息。它告诉你在哪里可能有共同的兴趣或经历。当你发现你们的共同点比预期中的要多时，你们会开始建立某种程度的联盟。你们已经开始构建信任的第一个模块。

找到专业的一致性也需要仔细倾听。来自不同部门的同事看待世界的方式与你不同。市场营销、财务、运营、IT 部门的人都有不同的视角。你需要花时间了解他们的计划和他们所受的限制，这样才能让你的计划与他们的计划保持一致。如果你只是四处疾呼自己的计划和需求有多重要，你会发现你的计划不可思议地排在了待办事项队列的后面。

信誉

联盟是好事，但是仅有联盟是不够的。与朋友一起外出时，我们在共同兴趣方面一致，但是否所有的朋友都能成为好同事则另当别论。我们必须知道，我们是否可以依靠他们来实现交付。

信誉就是言出必行。在这一点上，大多数人的反应是义愤填膺地说：

"我当然言出必行，你不会是说我不遵守承诺吧？"当然，你会敏锐地意识到一些同事未能兑现承诺，而且我们都是别人的同事，当自己未能交付时，我们有时甚至没有意识到这一点。

我们无法交付当然是有原因的。也许他人让我们失望了：零件没有交付、我们需要的分析来得太晚、信息不完整等。在我们看来，我们没有违背承诺：别人没有兑现，我们是他们无能的受害者。在那些我们未能向他们兑现承诺的人心中，我们就是违背承诺的无能之辈。他们不在乎我们的借口，只知道我们没有兑现承诺。

然后是期望管理的问题。管理中最危险的一些词句是"我希望……我将尝试……我打算……我可能……我们可以……我们可能……"。在我们心中，我们只说了希望或尝试，根本没有做出任何承诺。但是你说的和别人听到的是完全不同的。别人听到的是"我将会……"。后来，当你说你尝试过时，对方会认为"你失败了"。

这意味着可信度分为两部分。首先显而易见的部分是，你必须兑现承诺，不兑现承诺会破坏信誉。

信誉就像一个花瓶，一旦破碎，就很难复原。借口就像用胶带修理花瓶一样缺乏可信度。

其次，信誉包括的不太明显的部分是关于期望的。你必须无情又明确地设定期望。这很困难。想要取悦他人是人类的天性。在当下，你可能会使用"我希望……我将尝试……"这类词句，如果你发现这些话脱口而出，要反省你自己，为什么对兑现承诺心有疑虑，然后非常清楚地解释你的疑虑和各种条件。最好尽早进行艰难的谈话，设定明确的期望，而不是先寻找借口。在寻找借口的情况下进行沟通将更加困难。

风险

信任不是开关。我们对不同的人有不同程度的信任。你可能相信街上的陌生人会给你指路，但你不会把你一生的积蓄托付给街上的陌生人。这同样适用于工作，你必须一步一步地赢得信任。兑现一些小的承诺，慢慢地你会赢得信任去兑现更大的承诺。

应对风险的另一种方法是降低风险。你如果想承担一个有风险的项目，就减少它的风险：把项目分解成小块，对每一部分进行明确的审核。得到大家对整个项目的信任可能很难，但是每一部分都能为你赢得信任。

你的信任关系网络是你的重要资产，能使你成为工作场所中有效的管理者。当你跳槽时，你会突然发现这项资产的价值：你发现你在新的公司没有信任关系网络，你不知道该找谁来做事；你没有过往成绩，必须重新赢得信任和尊重。这并不轻松。

影响力和信任是无形的优势，所以才更为强大。你的同事会发现你更高效，却难以明白背后的原因。它们是非常有用的政治商工具：构建它们，好好运用它们。

第 5 章

管理商技能：管理你的职业生涯

管理是一门艺术：它一直都是，而且永远都是。永远不会有一个科学公式可以像 "$E = mc^2$" 解锁物理学那样揭开管理的秘密。如果有这样一个公式，我们都会拥有它，也最终都会陷入竞争僵局。每个人都会应用相同的公式。幸运的是，人是不同的，情况不同，所采取的行动也不同。世界在时刻变化。成功的方法数不胜数，失败的方式也一样多如牛毛。这使得管理成为挑战。其结果是，每个管理者都必须学习自己的生存和成功法则。任何书籍或课程都只能给他们增加一些想法、一些不同的观点以及一些工具和技巧。

> **成功的方法数不胜数，失败的方式也一样多如牛毛。**

每个人都将构建自己独特的管理商。每个优秀的管理者的成功秘诀也都像他们的 DNA 或指纹一样独特。

与 DNA 不同，你的成功秘诀必须在你的职业生涯中不断变化。成功的管理者就像蝴蝶：你仍然是你自己，但在你职业生涯的每个阶段都会经历巨大的转变。正如蝴蝶要经历从卵、毛毛虫、蛹到蝴蝶的发育过程一样，你必须经历从团队成员转变为团队领导者，从中层管理者转变为高层管理者的变化。

本书的前几章已经列出了成功的管理者必须具备的特质，这在你的整个管理旅程中保持不变。本章列出了你在这个旅程的每个阶段都必须实现的转变。不改变就不会有进步，就这样简单。

本章不仅向你展示了成功所需的转型，还向你展示了如何学习和发展你独特的成功秘诀。

管理你的职业生涯：你的 45 年规划图

并非所有管理者都在相同的环境下诞生。作为一名管理者，你的角色将在你的职业生涯不同阶段中发生巨大变化。管理一个 5 个人的团队无法与管理一个在几十个国家拥有数千员工的全球供应链相提并论。生存和成功的规则不断变化，这意味着你必须不断变化和成长。你面临的挑战是没有书籍可以告诉你规则是如何变化的。从古至今，管理者必须自己摸索，而且大多数人失败了。本章列出了那些不成文的成功法则，并展示了如何规划自己的管理之旅。

表 5.1 总结了你的管理旅程的本质，其中每一个转变与阶段都将详细讨论。

表 5.1　你的管理旅程

管理层级	管理自己： 职场新人	基层管理： 管理他人	中层管理： 管理其他管理人员	高层管理： 管理业务的盈亏
时间范围	一天或一周	一周至一个季度	一个季度至一年	一年以上
主要任务	做事：质量、速度、专业技能、制订工作计划	管理：辅导、激励、绩效管理、授权	优化：改善流程	整合与变革
所重视的人	自己	团队	其他职能部门	员工支持
财务技能	不适用	成本管理	预算管理：协商与掌控	盈亏管理：创收、成本分配
陷阱与挑战	幻想破灭：单调、枯燥的工作	不改变游戏规则	不进行政治管理	从自我能力否定倾向到狂妄自大

在此，我们有必要强调一下在职业生涯中
始终不变的主题。

成功需要反复重塑自我。上一个角色的成
功之道并不适用于你的下一个角色。不要让成

> 上一个角色的成功之道
> 并不适用于你的下一个角色。

功变成桎梏，你必须不断改变、不断成长、不断学习。享受这个过程吧。

- 你的掌控力和不确定性不断提高。随着你获得更多控制权，你将会
  有更多选择。你从接受他人定制的计划到开始自己定制计划。

- 开启你职业生涯的技能变得不那么重要了。相反，你必须掌握与人
  和政治打交道的艺术。你会发现不同类型的人对你来说变得具有不
  同的价值。财务部门和人力资源部门的人在你的职业生涯初期会被
  视为喜欢说"不"的敌人，但后来他们成为你维持秩序和掌控过程
  中重要的守护者。

- 你的时间范围扩大。管理者的腕表有 3 根指针：时针、分针和秒针。
  作为一个团队成员，你关注的是秒针：今天和本周。作为一个中层
  管理者，你还要关注分针：你将在下个季度或明年带领团队走向何
  方。作为高层管理者，你必须关注所有 3 根指针：时针涉及你未来
  5 年将把公司带到何处的战略。

- 财务技能变得更加重要。从管理简单的预算到管理复杂的盈亏，你
  需要具备相关的财务知识才能在职场中生存。

出色的管理者都了解这一过程，并且了解每个层级的管理者都有不同的
视角。作为新晋管理者，你必须理解高层管理者的计划和优先事项，使用他
们的语言并致力于完成对他们重要的事情。作为高层管理者，你必须记住团
队成员的视角，并将宏伟愿景转化为他们可以理解和为之努力的具体想法。

使用职业规划图来指导其他管理者。如果你是一个高层管理者，你会看到一个新晋管理者在苦苦挣扎，规划图可能会让你明白各种原因。这些新手并不是无能之辈，他们只是需要有人帮助他们进入新角色。

每个关卡都有自己的陷阱，但最大的陷阱是无法改变自己去适应环境。你不仅要提高你的游戏水平，还必须改变游戏规则。

表 5.1 描绘了许多人 45 年的职业生涯：22 岁毕业开始工作，67 岁退休尽享晚年。这确实是个好消息。这意味着你有足够的时间来学习和发展成功所需的技能。人们很容易把注意力集中在错误的事情上，尤其是在你职业生涯的开始，每次加薪和晋升都显得格外重要。有了正确的时间视角，你就可以专注于正确的事情。

你愿意通过谈判加薪 10% 还是涨薪 10 倍？如果你接受了一些艰难的挑战，那么今年 10% 的涨幅看起来很不错。要求涨薪 10 倍需要讨论建立长期职业生涯所需的合适的经验、培训和支持，投资自己是你能做的最好的投资。

为了理解 45 年的规划图，我们需要更多细节来描述职业生涯每个阶段会发生的事情。这是本章剩余部分的重点。

主动改变：第一次偶然当管理者

初次成为管理者的人往往是偶然成为管理者的。你被任命是因为有一个空缺需要尽快填补，而你恰巧看起来像一个有前途的人。但是从来没有人对你进行过任何关于管理的培训。你需要在从未见过规则的情况下去了解规则，并且在没有任何培训的情况下掌握技能。你是一个偶然的管理者，因为你是偶然被任命的，而且你也在等待意外发生。你的第一个管理角色可能是一次残酷的学习经历。

失败的主要原因是成功。很多人从团队成员晋升为直线经理时，成功的诅咒会让他们倒在第一个障碍前。这就是"更衣室领袖问题"。一个出色的足球运动员被提拔来管理球队。身为球员时他通过努力奔跑、铲球、传球以及进球取得成功。随着晋升，他加倍努力去完成以上动作，然后他被解雇了，他既生气又困惑。出了什么问题？

球队经理的工作不是更加卖力地奔跑、铲球和传球，而是选择合适的球员，培养他们，制定战术并在场边为他们助威。这是一个完全不同的工作，也是许多出色的球员成为糟糕的经理的原因，而许多优秀的经理仅仅是熟练的球员。商界的情况和体育界一样：第一次成为管理者改变了一切，你过去成功的方式不是你未来成功的方法。

表5.2总结了人们首次担任管理角色所面临的挑战。这表明你必须在第一次晋升时重塑自己。坚持你经过验证的成功秘诀并不安全——这是对你的职业生涯的扼杀。

表5.2 首次担任管理角色所面临的挑战

管理自己	管理他人
我该怎么做	谁能做
完成业绩	管理他人业绩
接收反馈并据此行动	提供反馈
寻求指导与支持	给予辅导与支持
接受挑战	分配任务
积极向上	以身作则
为清晰的目标而努力	管理模糊的情况与变化

首次担任管理角色所面临的挑战本质上涉及改变与同事的关系。

改变与同事的关系

关键的转变是从"如何"到"谁"。作为基层员工，你要以"我该如何做"的问题来迎接每一个挑战。管理的思维方式完全不同。与其问"如何做"，不如问"谁能做"。

从"如何"到"谁"的转变推动了一系列其他的变化。不是管理自己的绩效，而是管理他人的绩效。这意味着既要接收反馈也要提供反馈；给予辅导和支持，而不仅是接受它；学

> 不是管理自己的绩效，而是管理他人的绩效。

习授权这项基本技能。许多基层领导者发现授权很难（见第 3 章"授权：事半功倍"），因为他们只相信自己。一个典型的错误是只将日常微不足道的事情分配给别人，同时亲自承担最艰巨的挑战。这会使团队失去动力，团队成员永远不会成长，而你要承担完成业绩的巨大压力。如果你不相信你的团队能应对严峻的挑战，要么你需要一个新的团队，要么团队需要一个新的管理者。

作为新晋管理者，你的所有关系都会发生巨大变化。这可能很难适应。你面临着必须管理 3 种非常令人尴尬的人的艰巨挑战。

- 你的前队友，他们很可能已经成为你的朋友。
- 年长的同事，管理他们似乎是管理你的父母。
- 专业人士、高技能水平的人，他们不喜欢被管理，可能认为自己更胜任管理工作。

首次担任管理角色的人经常在两个极端之间徘徊：一方面渴望在每个群体中都受欢迎，另一方面又变成依靠命令与控制进行统治的人。管理的真谛

既不是命令也不是控制，而是信任和尊重。作为一名新晋管理者，你必须赢得他人的信任和尊重，这在第 4 章结尾已经介绍过。

适应这些新的关系意味着采用新的思维方式。从上下级结构的角度思考无法帮助你应对上述群体。你的前队友会怨恨你，专业人士会主动或被动地反对你，而年长的同事如果愿意，就能战胜你。你需要他们加入你的阵营，但不要依靠软弱和讨好来达到这一目的。

调整的方法是将每个人都视作一个团队成员，他们确实如此。作为团队成员，每个人都可以扮演不同而有价值的角色。作为管理者，你只是与其他团队成员有不同的任务：确定方向、实现目标、根据需要分配工作。这样思考意味着你不需要领导你的团队成员，也不需要和他们成为朋友，你只需要与他们共同努力完成工作。一旦了解自己作为管理者的任务，你就可以对其他人进行授权。

你不需要告诉专业人士和年长的同事应该怎么做。相反，你可以就如何应对每个挑战征求他们的专业建议。作为管理者，你不需要成为团队最聪明的人，但你确实需要让最聪明的人加入团队并运用他们的智慧。

有时，会不可避免地出现你与专业人士意见相左的情况。即使发生这种情况，你也不需要成为能解决所有最棘手问题的圣人。作为管理者，要集思广益，和大家共同发现最佳解决方案。

最出色的管理者会发现闲散管理的艺术。他们鼓励团队寻求解决方案并接受挑战。专业人士喜欢被施压、喜欢挑战，也喜欢得到信

最出色的管理者会发现闲散管理的艺术。

任；而年长的员工也会为被重视和信任而心怀感激。大多数人想做好工作，所以让他们尽情发挥。少管理往往是好的管理。

进入职责矩阵：中层管理者

悄悄地说，做 CEO 确实比做中层管理者容易。中层管理者是管理中最艰难的角色。基层管理者比较轻松，高层管理者也比较轻松，中层管理者在过去也很轻松。我们将探讨背后的原因，然后展示中层管理者的生存和发展之道。

首先，需要理解什么是中层管理者，因为它涵盖了各种角色和级别。基层管理者只需要管理团队，而成为中层管理者后就需要管理其他管理者。管理其他管理者难度很大。一些较明显的区别如下。

- 管理者期望拥有更多的自主权，少些控制。你必须能够放手，知道如何管理例外。
- 管理者看重你，不是因为你的技术专长，而是因为你有能力帮助他们推动计划并保护他们的团队。
- 你离日常运营又远了一步，所以你必须专注于如何从长远角度进行改变。仅仅运行好机器是不够的——你必须改进机器。
- 资源管理和财务知识成为重要技能。
- 你必须能参与并影响高管的想法和战略。
- 你必须在整个组织内建立信任和影响力网络，才能实现目标。你的同事会为了有限的资源与你合作，也会与你竞争。你必须学习建设性政治的艺术。

到目前为止，一切如此明显。但即便是这些明显的变化，也足以让很多已经升职的人遭遇滑铁卢。再一次提醒大家，生存和成功的法则在不知不

觉中发生了变化。除非你能识别风向并随之而
变，否则你会不知所措地苦苦挣扎。你必须在
预算、会计、战略和影响力方面得心应手，还
必须与来自人力资源、IT、法律和其他领域的
专家自如地交谈合作。你不再管理狭隘的功能

> **除非你能识别风向并随之而变，否则你会不知所措地苦苦挣扎。**

性专业——你正在开始走向综合管理之旅。这意味着要快速学习各种新技能。

你的个人重塑远远超出学习新技能的范围。你会发现工作本身的性质发生了变化。此时，你会发现中层管理者在任何公司都是最艰难的角色，也比以往任何时候都更难开展工作。

表 5.3 总结了工作不断改变的性质及其所带来的中层管理的挑战。

表 5.3 中层管理的挑战

管理层次	基层管理	中层管理	高层管理
自主权	低：奉命行事	低：深陷矩阵	高：可以自行决定
角色清晰度	高：目标明确	低：来自公司各方面的许多相互矛盾的要求	低：高灵活度与不确定性。合适的情况下可以自己创造角色
资源	资源明确，工作时间长	需求经常多于资源	多，且掌握在手中
权力	权力小，责任小	责任经常大于权力	责任大，权力大

中层管理的工作结合了高层管理和基层管理最困难的方面。在你的职业生涯之初，你几乎没有自主权，基本上听命行事。工作可能很辛苦，但你至少很清楚自己应该做什么。在高层，一切都在变化。你有很高的自主权，无须接受计划而是自己创造计划，与自主相伴的是更多的责任和不确定性。优先级是需要权衡的，直到你把它弄清楚，它才会变得清晰。

中层管理者将面临高层管理的最大模糊性和基层管理最缺乏掌控的情况。在中层，你会面临相互矛盾的优先事项。除了处理应接不暇的方案与想

法，还要应对日常管理的常规事项，你无法完全控制自己的命运，因为你无法制订自己的计划，你必须依靠你的同事来完成目标。

在这个高度模糊、竞争激烈的政治世界中，你必须学习政治商的艺术——这是第4章的主题。由于一些无良政客的原因，在英国，政治被一些人视为一个肮脏的词。但政治商是一项至关重要的技能，它可以让组织为你工作，而不是你为组织工作。它可以让你掌握机器，而不是让你成为机器的奴隶。在一个责任分散的世界里，这是你实现目标的唯一途径。但这不仅是学习新技能就可以实现的，还涉及学习新的思维方式，如表5.4所示。

表5.4 培养作为中层管理者的技能和思维方式

管理他人	管理一个职能部门、多个团队
管理基层人员	管理其他管理人员
注重让每个人高效工作	注重让组织高效运作
应对的是人	应对的是政治
对事情做出反应	规划未来
维持今天的业绩	改变和优化未来的工作方式
关注今天和本周	关注未来
管理行动	管理预算与资源

作为一名中层管理者，要想生存，你必须适应和发展。但在许多情况下，仅仅生存是不够的。在重组和调整时，中层管理者面临的风险最大。大多数重组都会涉及中层管理者，这是高层管理者进行春季大扫除的理想时机。通

作为一名中层管理者，要想生存，你必须适应和发展。

过重新配置角色，他们有借口剔除"无用"的人——有可能就是你。中层管理者通常成本很高，而且可有可无，因为总有许多更年轻、更经济的管理者可以接替你的位置。

任何金字塔型结构公司的无情逻辑都决定了你生活在一个"向上或向外"的世界：最终你会升职或被解雇。这对中层管理者来说尤其苛刻。基层管理者可以选择重新开始或攻读 MBA。高层管理者要么拥有财富的保障，要么另谋高就。你在中间，无法重新开始，也没有财富的保障，还需要养家糊口，而且看不到轻松跳槽到其他公司的机会。谁说高层很难？中层更难。

你有 3 种方法可以应对中层管理者的生存挑战。

- 晋升
- 生存
- 逃离

下面详细介绍每种方法。

晋升

抓住晋升机会是承认"向上或向外"的就业本质。与其作为中层管理者生存，不如逃离中层管理并向高层管理努力。这说起来容易做起来难，因为你周围都是同样才华横溢、勇往直前的同事，他们正在争夺同样少得可怜的晋升机会。以下是你可以增加晋升可能性的方法。

- 加入一个高速发展的公司或部门，这样的公司或部门会创造更多的晋升机会。
- 声名鹊起，让整个公司的人包括 CEO 都知道你做出了成绩。
- 制订一个让公司高层能够看到的计划，并表明你全力支持高层的所有想法。主动要求负责可能给你带来荣誉的项目：CEO 提出的项目是一个良好的开端。

- 在最高管理层中建立你的支持和同盟关系网络。将它们用作你的情报网络，以防止问题出现、识别机会并以你的名义管理消息的传递。
- 将自己置于任何重组或变革项目的中心。对于哪些人、哪些部门需要重组，你要成为决策过程的一部分。这可能意味着你要善待顾问，因为 CEO 会听取他们的意见。

生存

从长远来看，生存是最艰难的选择。你在某个岗位上停留的时间越长，别人越会觉得你停滞不前。也许这并不公平，但你会被视作枯木。这种看法可能是错误的，但这种看法的后果是真实的：你将处于风口浪尖，特别是如果你的薪水多年来一直在缓慢地增长，你将被视作高成本的无用之人。

与晋升的方法一样，你需要使自己不可或缺；与晋升的方法不同的是，生存的方法不太适用于直线管理者的角色。这种方法更有可能适合人事或技术领域的管理者，因为这些领域非常看重深厚的专业知识和对公司的了解。

仅仅使自己不可或缺是不够的：你必须被人们视为不可或缺。与晋升的方法一样，这意味着在高层培养你的人际关系网络。随着时间的推移，你将认识到支持和培养新人的必要性。当他们超越你进入高层时，他们会记住谁是

> **仅仅使自己不可或缺是不够的：你必须被人们视为不可或缺。**

他们的朋友和支持者。你可以成为值得他们信赖的顾问，同时对他们也没有威胁。

归根结底，生存取决于高层管理者的想法。许多中层管理者发现这点时为时已晚。当你只能依赖一个人时，你的管理者生涯很可能以失败告终。

太多的中层管理者在发现他们信任和依赖的人让他们失望时会感到痛苦。永远不要只依靠一个人，始终有一个备选计划，即你的逃离路径。

逃离

即使永远用不到，你也必须有一条逃离路径。没有逃离路径，你就会变得过分依赖他人，从而失去影响力。有了逃离路径，你就知道自己有了选择。有逃离路径使你能在当前的角色中以更大的勇气和信心采取行动，而这又会有效地降低你需要逃离路径的可能性。

逃离路径有两种。

第一种，你可以逃到另一家公司，担当相同或相似的角色。正如第 4 章"管理你的职业生涯：职业生涯既是名词也是动词"一节所指出的，尽管其他地方的草总是看起来更绿，但实际上雨水最多的地方草最绿。跳槽可以解决眼前的危机，但不能解决长久的生存挑战。你可以通过在公司之外建立关系网络来准备这条逃离路径。你很可能在一个人们相互认识的专业领域工作，哪怕只是因为同事经常在各家公司之间跳槽。花点时间保持你的关系网络。2016 年对领英（LinkedIn）平台数据的研究表明，多达 85% 的工作是通过网络找到的，而不是通过正式求职。

第二种，有工作之外的生活。如果你为了工作而生活，依靠工作来维持自己的生活方式，你就会成为公司的奴隶。你可以有工作之外的兴趣和选择，将自己从工作中解放出来。你可以通过创业来获利。你会发现创业是职业生涯的一个单向飞跃：一旦你尝到了为自己工作的震撼和自由，就几乎不可能回到公司机器中为你可能不喜欢、不信任或不尊重的人工作。大多数人发

> **如果你为了工作而生活，依靠工作来维持自己的生活方式，你就会成为公司的奴隶。**

现，当他们为自己工作时，他们是在为某个喜欢、信任和尊重的人工作。

中层管理的性质在不断改变

中层管理揭示了管理的性质在上一代发生了多大的变化。这是一场革命，旧式管理者中的保守派站在了历史的错误一方，即被视作障碍的一方。

管理原则最初源于军事，管理军队是唯一的在动态环境中大规模管理人力的好例子。大公司有一些和军队一样的特点，都有由各种首领和负责人领导的分部，只要知道指挥前线在哪里进攻，它们就会采取"包抄"和"消灭"竞争对手的战略。这是由命令和控制组成的世界里的语言。

中层管理者就像中层军官。他们的工作是逐层传达上级命令，再向上传送信息。他们的自由裁量权有限，而且他们必须遵守规则。但他们可以享受优待：有自己的食堂、车位；可以进入乡村俱乐部；办公室的助理在给他们倒茶时，会忽略他们周围的所有初级员工。他们成了俱乐部的成员。

任何认为自己的工作只是向下传递命令和向上传递信息的中层管理者，在公司的生存时间都不会比端茶的助理更长。他们已经成为历史，中层管理者的福利都消失了。相反，中层管理者现在拥有更多的自主权和责任，也将面对更多的不确定情况。他们既没有基层管理的确定性，也没有高层管理的掌控力。

> **任何认为自己的工作只是向下传递命令和向上传递信息的中层管理者，在公司的生存时间都不会比端茶的助理更长。**

身处中层管理的位置，当你能看到、感受到甚至触及高层管理的美好世界，在那里你的权力、掌控力和奖励会急剧增长时，你会感到日子更加难熬。难怪中层管理被一些人称为偏执狂区。

登顶：高层管理

高层管理涉及的不是规模而是你的责任范围。一旦你管理了整个业务，承担了损益责任，你就成了高层管理者。即使规模不同，这种挑战本质上与一家全球性公司的 CEO 相同。

当你主动改变，登上顶峰时，要记得"不要以为你还是从前的你"，并准备好"远离从前的自己"。

在你登上顶峰后，有 3 件事会发生根本性的变化，为你带来了巨大挑战。

- 你与公司内部人员关系的性质改变了。
- 你必须掌控实权。
- 无论好坏，你都成了榜样。

你与公司内部人员关系的性质改变了

人们常说，高处不胜寒。在某个层面上，这是无稽之谈。看看高管们是如何工作的，他们总是在不停地与人会面。问题似乎不在于孤独，而是在于缺乏个人思考的时间。

但是，每天坐列车通勤的人都很清楚，身处人群中也可能感到孤独。作为高管，你会变得孤独，因为没有一个可以完全信任的人。你发现每个人都对你有所企图。他们想要你支持

> **作为高管，你会变得孤独，因为没有一个可以完全信任的人。**

一个新想法，想要更多的预算，想要你批准某项交易，希望在新一轮的成本削减中解脱出来。每次讨论都话中有话。谁也不会把你当作一个独立的人来

看待，而是把你与你的地位、权力和恩惠联系在一起。

这可能令人非常不安。经过 20 年的努力，你已经习惯有些同事挑战你的想法或暗中破坏你的计划并质疑你。你成为高管后，突然间每个人都发现你的笑话幽默滑稽，你的判断力无可挑剔。你提到一个还不成熟的想法，然后发现有人消失两周把它变成现实。你会发现事情正在发生，因为"这是老板想要的"。你挠挠头，想知道大家怎么就认为这是你想要的。你发现你必须对自己所说的话和说话的对象非常小心。

不可避免地，你会发现自己和团队之间有了距离。你必须保持客观。但这带来了一个问题：你究竟可以和谁开诚布公地讨论你的想法？

大多数高管都会确定一些他们可以信任的人：这些人不在公司的权力结构中，没有他们试图推动的个人项目。这些人可能包括外部教练、家庭成员或经验丰富的员工，以及财务、人力资源或规划等不同领域中经验丰富的员工。

无论对方是谁，找到一个或几个可以与你分担的人。

你必须掌控实权

在高层，你不再接受计划，而是创建计划。你不必将自己的计划纳入公司更广泛的计划安排。你必须为其他人制订计划，让别人去执行。随着控制而来的是不确定性：没有人可以规定你能做什么或不能做什么。

正如我们在第 4 章中所看到的，掌控既重要又困难。仅仅有职位并不意味着你有权力。如果你未能掌握实权，你就会留下一个权力真空，任由他人填补。公司中的每个权力巨头都会兴高采烈地推动自己的计划。你可能对自己手中的权力沾沾自喜，因为你正在批准、修改或否决所有摆在你面前的提议。但这种掌控是虚幻的，因为你已经变得被动。要掌握实权，你需要有自

己的计划并主动推动它，让其他的权力巨头做
出反应，只有主动出击才能获得权力。

> **只有主动出击才能获得权力。**

通过制订明确的计划获得掌控权应该看起
来很熟悉。这就是思想的力量，在第 4 章中讨
论过。但要完全获得掌控权，你需要的不仅是一个伟大的想法，还有合适的
人和合适的资金。掌控的公式（IPM）应该包括 3 个部分。

- 想法（Idea）
- 人员（People）
- 资金（Money）

一旦有了伟大的想法，你就需要把合适的人员安排到合适的岗位。这也
是你必须无情的地方：公司的生存比个人的生存重要。如果有人被安排在错
误的地方，请将他调整到正确的位置。理性地说，你希望合适的人做正确的
事情。从政治角度讲，对你的高层团队进行重组能表明你不害怕采取行动，
这会巩固你的权力。如果有人的能力和公司的未来发展不匹配，你必须鼓起
勇气采取行动：把他们移出去。

想法和人员到位后，接下来需要担心的是资金。即使是高管，你仍然必
须向上司汇报，上司要么是董事会，要么是负责集团公司的更高级别的高
管。无论是哪一方，他们最终都会从财务角度来判断你是否成功，想法与团
队是否成功取决于所取得的财务结果。

实际上，一旦有了正确的想法和团队，财务结果会水到渠成。如果财务
结果不好，要么是你的想法不对，要么是团队不合适。唯一例外的可能性是
公司的高管不合适，所以你一定要保持出色的财务业绩，免得董事会认为需
要更换高管。

无论好坏，你都成了榜样

回想一下所有与你共事过的高管。你还记得关于他们的哪些方面？你很可能不记得他们在哪一年勇敢地超出预算 6.8%，但你可能对他们是什么样的人有生动的记忆。有些人会带给你美好的回忆，另一些则不会。那么，别人会对你有什么印象，你又想给别人留下什么印象？

在任何公司的基层，都很容易找到对管理层冷嘲热讽的人。他们散布同事和客户的八卦并拿他们开玩笑，遇到挫折时愤怒沮丧、情绪低落。这是人之常情。但进入高层后，你不应该有这样的表现，而是要学会戴上领导力的面具。你必须成为别人想要学习的榜样，你也希望他们能够模仿你。

你的行为方式将在整个公司得到响应和推广。如果你的道德标准很低，公司的其他人也会和你一样。如果你喜欢在事情出错时推卸责任，那么公司一定有政治上的指责文化。如果你坚持让人们给你带来解决方案而不是问题，那么问题就会被隐藏起来，直到它们爆发并成为威胁公司的危机。如果你不知道公司的文化源于何处，那就看看镜中的自己。

> **如果你的道德标准很低，公司的其他人也会和你一样。**

这并不意味着你需要变成一个陌生人——这是不可能的。这意味着你要扬长避短，变成最优秀的自己。

除了要面对登上顶峰所带来的 3 大挑战，许多人还会犯一个致命的错误：一开始就没有主动改变。如果不向前走，你永远不会知道你能否成功；如果不提出问题，你就不会得到答案。以下是让人们不主动改变的障碍。

- 他们更喜欢比较舒适的中层管理。

- 他们认为自己还没有准备好，也不想强迫自己。
- 他们不知道如何得到高层职位。

如果你正在犹豫是否前进，你需要分析一下原因。以下是每个障碍背后的原因。

他们更喜欢比较舒适的中层管理

在某些行业中，高层职位看起来接近自杀性职业。英国职业足球教练的职业预期寿命仅为 1.23 年。球队老板在一些场次输球后的直接反应是解雇他们的教练并雇用一个从其他地方被解雇的教练。这种走马灯一样的做法并不利于培养稳定的管理职业，却有利于培养娱乐媒体，难怪许多专业人士更喜欢当一名专家或一位幕后工作人员，培训特殊技能或初级团队。

学校也面临同样的问题。如果你所在的学校成绩不佳，受到监管机构的不良评价，学校董事会将解雇你。这仅仅是你问题的开始。与足球教练不同，你如果失败过一次，就很难在另一个学校找到领导岗位。相比之下，系主任的生活突然显得很有吸引力。

他们认为自己还没有准备好，也不想强迫自己

你是下面哪种类型的人？

- 你有信心边学边干到高管职位。一旦认为自己有大约 50% 的把握可以胜任高层职位时，你就可以开始申请。如果你成功了，这很好；但如果失败了，你也能获得经验，知道如何运作。你会被猎头熟知。任何关于你失败的反馈都表明反馈小组不知道自己错过了一个人才。
- 你认为，如果你想在新职位上取得成功，就需要有 80% ~ 90% 的把

握再申请高管职位。如果你失败了，倾听反馈并改善不足是有意义的，这样你将来被任命时就更有把握获得成功。

这里有一些性别偏见。通常，男性更有可能成为第一种类型的人，靠适度地吹嘘自己得到高层工作。第二种方法可能更诚实，但意味着你可能被不太合适但更有野心的候选人挤到一边。

如果你想要高层的工作，你必须申请，然后继续申请。如果你等待别人把高管职位交给你，那你会等很久。

> **如果你想要高层的工作，你必须申请，然后继续申请。**

他们不知道如何得到高层职位

当你开始你的职业生涯时，如何获得晋升是显而易见的。你努力工作，实现自己设定的目标，当人力资源系统开始运作时，你将成为幸运的或当之无愧的晋升赢家。规则明确，流程清晰。

职位越高，规则就越模糊。没有人会列出获得高层职位你必须满足的具体期望。晋升规则不仅不明确、没有明文规定，还在不断变化。在任命某人担任高管职位时，任命小组不仅寻找具有领导者素质的人，还要看这个人是否是他们认为能够解决公司所面临问题的人。如果公司面临成本危机，他们希望要一个成本削减高手；如果公司要走向全球，他们想要一个全球性的高管；如果问题涉及营销和战略，他们会想要一个能为他们提供明确的前进方向的人。这意味着，当你想主动改变时，你必须表明你有解决他们问题的方法，而这些问题他们可能没有表达清楚或自己都没有弄明白。

这意味着你必须寻找能使你成功的环境。它很可能在你所在的公司之外。如果你是一位杰出的营销人员，但你的公司面临成本问题，那么无论你有多出色，你都不适合高管职位。

如果你想在高管职位上取得成功，请准备好跳槽。

获得管理商：如何学习成功

人们在成为管理者方面得到的帮助很少。学校不教政治技能，也很少传授情感技能。甚至可以说，学校教授的恰恰是错误的智力技能：它们要求学生独自完成任务，并就一些没

> **人们在成为管理者方面得到的帮助很少。**

有明确答案的预设问题提供答案。任何管理者如果期待自己能独自、理性地回答预设问题，那么他的管理生涯将会非常短暂。

许多学校包括商学院都在教授显性知识，却很少教我们如何思考。它们可以教数学、英语、物理和复式记账，却鲜有开设"思考"这个学科。大家都认为，如果我们可以解代数题、写出语法通顺的句子，那么我们就可以有效地思考。日常生活的点点滴滴表明，这是一个错误的观点。小巷里靠暴力解决纠纷的社会青年与组织内依靠权威解决纠纷的防守型管理者有共通之处：他们都没有受过心理训练，不知道如何有效地解决这些日常分歧。

组织内部仍然存在这样的问题。我们做过一项研究，请成千上万的管理者从以下列表中选择他们认为最有价值的两个管理知识的来源。

- 书籍
- 课程
- 同行
- 上司

- 榜样
- 经验

约 **99%** 的研究对象没有提及书籍或课程。唯一认为书籍重要的人是一个没有大学毕业的人。这表明整个领导力和管理发展行业都面临因脱离实际而消失的危险。对一本讲管理学的书的作者来说，这是一个坏消息。作者面临的挑战在于如何让自己的书与实际相关，具有可读性和实用性。

在发现如何帮助人们开发管理商之前，有必要了解他们当前的努力是怎样的以及为何失败。许多组织在技术与技能方面提供良好的培训：帮助人们学习本行业的手艺或技能，无论是法律、财务、证券交易、工程还是会计。但是，在进行智商、情商和政治商培训时，学员在培训当天突然"隐身"了。英国特许人事与发展协会（CIPD）发现，最常见的借口如下所示。

- 工作太忙了。
- 家庭或个人有事要办。
- 缺乏足够的动力。
- 直线经理反对。
- 缺乏在工作中学习的文化。

这些借口需要一些解释。

- 工作太忙了 = 培训不是优先事项
- 家庭或个人有事要办 = 培训不是优先事项
- 缺乏足够的动力 = 培训不是优先事项
- 直线经理反对 = 培训在上司眼里不是优先事项
- 缺乏在工作中学习的文化 = 培训在任何人眼里都不是优先事项

没有时间绝不意味着真正没有时间：它意味着不重要。如果给这些"没有时间"的人一个机会让他们与最喜欢的电影明星或体育明星约会，或让他们过来拿 100 万美元，他们很可能打乱非常繁忙的日程前去赴约。

没有时间绝不意味着真正没有时间：它意味着不重要。

管理培训不像与明星梦寐以求的约会或 100 万美元那样具有吸引力，至少有两个原因。

- 从参与者的角度来看，大多数管理培训的结果都不尽如人意。
- 培训意味着参与者缺乏他们正在学习的东西：这恰恰是很少有人愿意承认的缺点。

我的研究表明，大多数管理者都向同事、上司、榜样和经验学习。这对大多数人而言是有道理的。我们看到有人陷入困境，悄悄地记下不要陷入同样的困境；我们看到别人做得出色，也会将这个做法记录下来并模仿。我们一点一点地从所遇到的人和事中讨教、借用和内化零星的管理秘诀，如此一来，我们获取了自己独特的管理 DNA，知道我们在大多数管理情境中如何作为。

获取 DNA 的过程非常有效。我们无须学习普遍适用的理论，而是要了解我们所在的特定行业中具体的实践做法。投资银行家要学会热爱风险；对公务员来说，风险就像氪石对超人一样危险，他们会尽一切努力远离它。银行家和公务员正在学习截然相反的课程，却都在学习正确的东西。实践中成功的做法总是胜过纸上谈兵的理论。实践每次都战胜理论。

但是，这样随机地获取自己独特的管理 DNA 也有不利的一面，具体包括下面 3 大问题。

- 错误的经验
- 错误的榜样
- 错误的环境

如果管理者想从榜样和经验中学习，那么他们必须获得正确的榜样和经验。如果榜样和经验是糟糕的，他们就会学到糟糕的东西。在每个组织中，都有一些上司恶名远扬：人们必须为他们工作，但没有多少人愿意如此。组织中还有一些噩梦般的任务，很少有人能从中全身而退。

随机地从经验中学习管理可能带来天堂般或地狱般的管理，这取决于管理人员在其旅途中遇到的人和事。必须用更好的方法来培养管理商。

本书通过构建和加速管理之旅来帮助你。它不是让你从随机的经验中学习，而是为你提供一个框架，让你理解你所看到的、经历的和学习的东西。对软弱的管理者来说，框架如同监狱，无论情况如何，他们只会盲目地应用相同的方法。他们被困在过程的监狱中，而框架就是监狱的墙壁。对强大的管理者来说，框架让他们更快地获得经验。好的框架有助于思考，而不是代替思考。

> **好的框架有助于思考，而不是代替思考。**

学会学习：无形的成功秘诀

你真正想要学习的东西从来没有文字记录，也没有任何关于这方面的培训计划。

- 如何管理我的上司？
- 我什么时候应该挺身而出，什么时候应该退后一步？
- 我应该承担多大的风险，何时承担？
- 我该如何应对一群新手？

- 我现在该如何应对这场危机？

上述问题就算有答案，也会因为你的背景而有所不同：同事的性格、你的角色、公司文化和国家文化都会改变答案。这本书能给你一些启示，但最终你必须创造自己的成功秘诀。这是个好消息，因为你不必再去认同那些可以被机器人复制的、抽象的、普遍的理论；这也是坏消息，因为你必须自己寻找答案。你必须管理自己的学习之旅。如果你能做到这一点，你就很可能发现成功秘诀。这将是你自己的秘诀，因为无人能复制它。每个人都必须创建自己的秘诀。

关于寻找成功秘诀的说明已经出现在第 3 章 "注意思维：管理者的思维"一节中。你需要使用的两个密钥是 WWW 和 EBI。这两个问题可以帮助你从最少的经验中挤出最大的经验值。回顾一下这两个问题。

- WWW：什么进展顺利。
- EBI：如果……更好。

在会议结束后走在走廊里时，在通话之间喝咖啡时，问自己这些问题。这两个问题将帮助你从成功和挫折中均等地进行学习。WWW 帮助你发现自己成功的经验，以便你创造更多的成就；EBI 帮助你找到处理困难情况的新方法。

WWW 和 EBI 不仅可以用于从自己的经验中学习，还可以用于向同事学习：观察他们做得好的地方（WWW）以及他们可以做得更好的地方（EBI）。

WWW 和 EBI 帮助你创建适合自己的成功秘诀。它们在理论上站不住脚，在实践中却很好用。通过不断从经验中学习，你很快就会发现自己领先于同事。

运用管理商：善用与滥用

管理商是一个简单的框架，可以帮助你了解自己和同事的管理潜力。它将管理分解为一套每个人都可以学习的技能。这些是管理者借助他人实现目标时所需要的技能。作为总结，我为大家提供一个简单的评估工具，你和同事不妨一试。它涉及每章中概述的技能，因此必要时你可以参阅相关部分。你能否诚实地说出你目前拥有多少技能？

理性管理技能：处理问题、任务和资金

1. **以终为始。**看到自己和他人期望的结果，通过专注于最终结果来简化问题，朝着目标全力以赴。

2. **取得成果。**对何时可以实现何种目标要制定清晰的期望值：承担责任、取得成果。

3. **做出决策。**学习商界中的成败法则（获得商业意识和直觉），注重行动。

4. **解决问题。**专注于可行的解决方案，而不是完美的解决方案。与他人一同或通过他人解决问题，在此过程中获得支持。

5. **战略思维。**了解高级管理层的优先事项，调整你的个人计划与其保持一致。

6. **制定预算。**向上设定切合实际的期望，实施时脚踏实地。运用政治技能管理预算周期。

7. **管理预算。**尽早设定期望以避免不愉快的意外。分阶段执行预算计划，以确保在年初进行必要的投资。

8. **管理成本。**要为年末的资金紧张做好准备，了解什么地方有余额，

并为预算修订进行有效的商谈。

9. 善用电子表格。要理解业务中的关键数字，并运用这些数字不断测试和挑战原先的假设。

10. 了解数字。知道如何运用数字来进行游说，并运用审核程序为某个项目赢得认可与支持。

情感管理技能：处理人际关系

1. 激励他人。要展现真正重视团队，让他人心甘情愿地跟随你。

2. 影响与说服他人。用心倾听，理解他人的计划，协调组织内不同的计划，建立支持你行动的同盟。

3. 辅导他人。帮助他人找到成功的秘诀，认识到不同的人有不同的成功之道，不把自己的风格强加到他人身上。

4. 学会授权。将日常任务及一些有意义、有压力的任务分配下去。制定前后一致的期望，不要推卸责任。

5. 处理冲突。平息矛盾而不是火上浇油，区分哪些战斗值得，避免不必要的战斗。

6. 提供非正式反馈。给团队成员迅速、正面的反馈，以此来培养他们，并将问题转化为解决方案。

7. 有效利用时间。有明确的短期、中期和长期目标，以及优先事项，不要偏离目标，注重结果而非行动。

8. 自我管理。了解什么激励着你，了解你如何影响他人，如何调整自己适应不同的情况和人。

9. 找到你的实践区。即使在逆境中也能保持对事件的掌控。保持充分休息和放松，不断反思、学习和成长。

10. 学习正确的行为方式。以身作则,将组织中最有价值的行为当作榜样,始终如一地积极、专业、以人为本。

政治管理技能:获得权力、实现目标

1. 寻找权力资源。知道自己如何才能对组织有价值,然后获得相关的能力与权力,成为组织的宝贵人才。

2. 获得权力。建立并维护自己的业绩,积极寻求、请求、抓住合适的机会。不要等待机会来找你。

3. 建立自己的权力关系网络。与关键权力人物建立同盟。寻找能改善长期职业生涯前景的岗位。

4. 运用权力。寻找权力不是为了地位,而是为了有机会在更大的舞台上取得更多成就,要注重做出贡献而不是索取回报。

5. 非理性管理的艺术。要懂得何时以及如何出击,何时以及如何给他人施压,让他们竭尽全力。

6. 对上司说"不"。寻找积极的替代方案,通过一些巧妙的问题让上司改变想法,无须直接说"不"。

7. 权力与政治。即便在困境中,也要将信任建立在诚实的基础上,并始终如一地兑现承诺。

8. 掌控。对于什么是重要的,什么必须改变以及如何改变等要有清晰且令人信服的愿景。

9. 管理变革。专注于建立和维护支持变革的政治联盟,注重收益、商业案例、行动和结果,而非问题。以人为本,而不是以项目为中心。

10. 人员和变革。要管理好人员,让他们顺利摆脱变革带来的痛苦,度过情绪变化时期。

上述许多技能在正式的评估系统中是不存在的，这就是为什么正式的评估系统经常带给人挫败感。它们无法帮助人们理解成为一名有效的管理者真正需要的是什么。尽管管理无处不在，但很少有人敢于定义它，而能讲授管理的人更是少之又少。你可能学会了会计、金融和市场营销的知识，但仍然不知道如何管理。本书（以及前面提到的评估工具）可以帮助你消除干扰，了解每个管理者在实践中取得成功所需的关键技能和干预措施。

解码成功秘诀：你的管理之旅

1989 年，弗雷迪·莫库里（Freddie Mercury）和皇后乐队（Queen）发行了他们的专辑《奇迹》（*The Miracle*），并唱道："我想要一切，我现在就想要。"如今，我们想要更多，而且更加迫切。这对现代销售"灵丹妙药"的药商来说是个好消息。只是我们现在更加老练，将其称为替代药物、整体治疗，或者对商界来说它是再造、核心竞争力、价值创新和价值共创。我们学会这些词语，然后什么也没发生。

千年而不是数十年以来，人和企业一直都在接受各种"江湖医生"的治疗，我们虽然已经远离向众神献祭的时代，但仍然渴望"奇迹"的发生。

对管理者来说，好消息是这个世界上没有奇迹般的课程可以在 5 天内将一个灰心丧气的员工变成杰出的管理者。你也不可能每天只靠 5 分钟的学习就成功，管理界的成功没有放之四海而皆准的通用秘诀。这是一个好消息，具体有以下三方面原因。

- 如果有一种通用秘诀，那每个人都可以得到它。与其他管理者相比，你将没有竞争优势，只能寻找另一种秘诀来使自己脱颖而出。

- 如果只有一个秘诀，管理就会变得非常枯燥，人们会日复一日地盲目应用相同的秘诀。尽管有时候，人们愿意只使用一个简单的方法，也不愿意面对管理中各种非常刺激的危机，但很少有人愿意在40年或更长时间内以同样的方式做同样的事情。
- 如果只有一个秘诀，我们都必须像被设定好的机器一样遵守它。一些管理者已经表现得像被设定好的机器，其他管理者则更看重自己是谁，并扬长避短。

　　因此，我们必须制定自己的成功秘诀。我们从自己的经验和他人的经验中观察、倾听和学习。我们参考、内化和改造他人点点滴滴的管理秘诀。我们复制自己喜欢的东西，并希望避免别人犯过的错误。即使如此，我们也会以五花八门的方式把事情搞砸。最终，我们形成了自己的管理秘诀，它们在我们所处的独特环境中发挥作用。完美的管理者如同完美的捕食动物，在现实中并不存在：我们像北极熊和狮子一样，依赖于找到合适的环境。

　　当踏上各自的管理之旅时，我们一路上都需要帮助。无论本书还是其他任何书籍都无法提供可以应对所有管理挑战的万能解决方案。但是，如果使用得当，本书可以帮助你更快地从经验中学习，从而加速你的成功之旅。本书并没有给出一个万能的成功公式，但是这样更好，它可以帮助你解码你独特的成功公式。无论开启什么样的旅程，你都要享受它。